金融投资理财

入门与进阶

（图解版）

[日] 平野敦士卡尔 著

谷秋实
范海英 ◎译

人民邮电出版社
北 京

图书在版编目（CIP）数据

金融投资理财入门与进阶 ：图解版 / （日）平野敦士卡尔著 ；谷秋实，范海英译. -- 北京 ：人民邮电出版社，2018.1（2018.10重印）
ISBN 978-7-115-47151-2

Ⅰ. ①金… Ⅱ. ①平… ②谷… ③范… Ⅲ. ①投资管理一基本知识 Ⅳ. ①F830.593

中国版本图书馆CIP数据核字(2017)第284587号

内 容 提 要

读懂金融投资理财知识，帮你快速成为投资理财高手。本书围绕当下流行的“科技金融”（Fintech）进行详细的介绍，并配有丰富的插图，帮你轻松掌握投资理财知识和技巧。

本书分为六章，分别从金融的最新趋势、财务报表与分析指标、企业价值评估、金融工程学、企业并购、基本术语等方面进行了详细介绍。主要内容包括：财务三表、企业价值评估的方法、金融衍生商品、期权交易、远期交易等相关知识。本书内容轻松易懂、案例分析详实，比较易于读者学习和使用。

本书作者平野敦士卡尔是奋斗在教学一线的大学教授、理财专家，具有较强的专业背景和实战经验。本书集理论、实践、经典案例于一体，内容通俗易懂，是每一位投资理财爱好者都不容错过的好书。

◆ 著　　　［日］平野敦士卡尔
译　　　谷秋实　范海英
责任编辑　李士振
责任印制　周昇亮
◆ 人民邮电出版社出版发行　　北京市丰台区成寿寺路 11 号
邮编　100164　　电子邮件　315@ptpress.com.cn
网址　http://www.ptpress.com.cn
北京虎彩文化传播有限公司印刷
◆ 开本：880×1230　1/32
印张：6.375　　　　2018 年 1 月第 1 版
字数：248 千字　　　2018 年10月北京第 2 次印刷
著作权合同登记号　图字：01-2017-1805 号

定价：39.80 元

读者服务热线：(010)81055296　印装质量热线：(010)81055316
反盗版热线：(010)81055315
广告经营许可证：京东工商广登字 20170147 号

如何使用本书

不用担心！金融没那么难。

一提到金融、财务等词，许多人会联想到复杂的数学公式和令人费解的英文单词。很多人认为自己既不是会计相关从业人员，也不属于财务部门，所以没有必要学习金融知识。

实际上，我在执教时发现：相对于经营战略、市场营销学，人们普遍认为金融更难理解。但是在当今社会，无论是企业家还是普通人，最应该学习的就是金融、财务知识。

世界级经营顾问、商业突破研究所大学（Business Breakthrough School）校长——大前研一先生曾说过“信息技术”“英语”“金融”是现代商人的三大神器。之所以这么说，是因为学习金融知识，能够掌握增加财富的方法。今后，人们退休后不能只依赖退休金，所以对于普通人来说，更需要重视个人理财，而理财的基础便是金融。

本书通俗易懂，即使是初学者也能够轻松掌握。本书将看上去艰涩难懂的理论以直观、易于理解的方式呈现出来。例如，企业价值评估是计算企业股价的一个重要指标，可能很多人都认为企业价值评估的计算方式复杂，但在实际业务中如果使用电子表格（Excel）来计算的话，则非常简单。

从我的教学经验来看，“了解”“消化”“运用”是3个完全不同的学习层次。

本书主要介绍有关金融、财务的各类基础知识。书中每一章的结尾部分都有小测验，请大家在学习完每章内容之后进行自我检测。向同事或朋友讲解学习内容，也有助于加深自己对知识的理解。此外，阅读本书时，可以从自己感兴趣的地方开始阅读，不必拘泥于阅读顺序。

相信通过本书，许多认为自己不擅长金融的朋友能够开启自己的金融学习之旅，迈出重要的一步。让我们一起来学习金融基础知识吧！

平野敦士卡尔

前言
PREFACE

为什么要学习金融知识?

正如前面所讲，在当今社会，无论是企业家还是工薪族，最应该学习的就是金融、财务方面的知识。

在人的一生中，金钱无疑扮演着非常重要的角色，但到目前为止，我还没有发现任何一本涵盖面广又通俗易懂的金融知识类书籍。我希望通过此书的写作来弥补这个空白。

大家一定听说过“黑字破产”这个词吧。虽然公司的销售额增加，经营有盈余，但公司还是破产了。这是为什么呢？此外，偶尔能看到诸如“那家公司的市场资本总额突破了 1 兆日元”这样的报道。市场资本总额又是什么呢？为什么市场资本总额上涨了呢？“股价”是由什么决定的？再比如，可能还有这样的新闻：“新兴企业从风投公司那里获得几亿日元的融资！”“某某公司在东京 MOTHERS 市场上市了！”。面对“为何要从风投公司融资？”“为什么要上市？”“这家公司的股票性价比是否合适？”等等诸如此类问题，你能向别人解释清楚吗?

“筹措资金时，应该通过发行股票还是贷款呢？”对于这一问题，我发现无论是创业者还是经营者，都很难当机立断。很多人觉得自己多少懂得一些金融知识，但却无法向其他人解释清楚。

既然我们需要钱来维持生活，那我们就应该多少了解一些金融知识。学习金融知识，不仅有助于更好地理解世事，还能帮助我们学会理财。

人们之所以能够成为亿万富翁无外乎以下几种情况：“成功投资股票等金融资产”“成功投资不动产”“成功创业”。也就是说，成为亿万富翁的人并非只是依靠个人的努力工作，他们总会或多或少地进行一些投资活动来积累财富。

令人遗憾的是，日本在财务方面的教育较为欠缺。这可能是因为日本人对金钱一词历来存在“羞于说爱”的隐晦心态。比如，日本有句古话“武士不露饿相”，即武士没饭吃也要用牙签剔牙，即使穷困饥饿，也要安于清贫，注重体面。在古代，曾经存在“士农工商”这一社会等级，最会赚钱的商人却被排在最低一级。

但是说到底，赚钱也是提高人们幸福感的一种手段。因此，我们应该认识到相关知识的重要性。很多人因为不了解金钱而成为金钱的奴隶，这种情况也并不少见。

各领域的投资专家都曾撰写过许多关于投资股票、房产等内容的书籍，此类书籍也会给学习者以一定收获。但如果读者连最基本的知识、观点都不具备的话，就很容易被证券公司、房地产商们误导。例如，你买了一本股票方面的书，其作者是证券公司从业者，读完之后你可能会失望地发现此书只是为了推销作者公司的产品。为了避免这类事件的发生，我希望所有人都能掌握最基本的金融知识。

如果你打算投资股票，那么通过本书的学习，可以推算出意向公司的合理股价。

如果你正在考虑投资金融产品，那么通过本书的学习，可以了解到产品的构成及风险。

如果你想要进行房产买卖，那么通过本书的学习，可以估算出购买或出售房产的合理价格。

如果你想要通过将公司上市或者出售给其他公司来获取高额利润、

想要从投资人那里获得融资，那么通过本书的学习，可以计算出出售本公司股份的合适价格。

如果你想通过购买其他公司来扩大本公司的规模，那么通过本书的学习，可以推算出合理的购买价格。

此外，如果想提高公司股价，下一步该去如何规划，这个问题的答案也能从本书中找到。

金融是关于企业如何筹措和使用资金、如何提高企业价值的一门学问。无论普通人还是企业家，金融都是一项必备的知识技能。

会计（Accounting）和财务（Finance）的差异

经常有人问我：会计和财务有什么区别呢？关于这个问题我在此做简要回答。

会计是将企业经营活动记录在账面上，将企业的营业额、成本、利润体现在财务报表上的一种经济管理工作。财务报表具体包括损益表、资产负债表、现金流量表等三种。也就是说会计的对象是“过去发生的经营活动”。虽然说近几年国际统一的会计准则正逐步推广，但各国家之间的会计准则和税法依然存在差异。例如，“经常利益”这一概念就是日本所特有的，由于不适用于国际会计准则，所以现在很少使用这个词。因此，从某种程度上来说，不同国家的企业是无法进行全面比较的。另外，由于判断标准不同，企业的利润也会发生变化。

Finance在日本一般被译为“财务”，现金的流向是其关注的重点。它关注企业资金的流入、转出，最终目的是提高企业价值。也就是说财务的对象主要是“未来的经营活动”。

对于企业来说，“现金”比利润更加重要。有的企业虽然没有亏损，但由于缺少现金，无法在规定期限内完成支付，以至于出现“黑字破产”的现象。相反，有的企业即使每年亏损，但由于现金充裕，反而不会破产。正因为“现金是不会撒谎的”，其数值无法人为更改，因此现金也成为世界上通用的比较标准之一。

因此，关注点是利润还是现金，着眼于过去还是未来，这是会计和财务的主要区别。

本书首先就科技金融（Fintech；Finance 和 Technology 的合成词）的现状进行解释说明。

在今后的几年间，科技金融很可能对现在的金融行业产生巨大影响。此外，本书会向大家介绍经常在报纸、经济杂志上看到的诸如财务报表、分析指标、企业价值评估方法、金融工程学、M&A（企业并购）等词汇，还有一些关于基本术语的说明。本书囊括了有关金融、财务方面最基础的知识。

让我们一起来学习金融、财务知识吧。首先从动摇当今金融行业根基的新兴事物——科技金融开始说起。

平野敦士卡尔

目录
CONTENTS

第4章 金融工程学

第5章 企业并购

第6章
金融理财的基本术语

结束语

第 1 章
金融的最新趋势

Part 1

The latest trend of Finance

本章主要介绍现今金融行业的最新趋势。

未来的金融业或将发生巨大变化，

银行有可能被逐渐淘汰。

---

1 什么是科技金融

科技金融带来更多机遇

科技金融正在改变着传统金融业态。所谓科技金融（Fintech），是金融（Finance）和科技（Technology）的合成词，这里所说的“金融”，概念十分广泛。

具体来说，包括低价便捷的汇兑、汇款（普通汇款、境外汇款）、结算（商铺结算、网络结算、信用卡）、从私人处融资、人工智能（Artificial Intelligenre,AI）理财、免手续费的网络证券及与个人行为记录密切相连的保险等；无论是管理收支的手机 App（Application），还是向目标企业发送广告或合作邀请，在对企业、个人进行融资时，一般以以上所有金融活动的数据作数据支持。从以上描述可知，与金钱有关的所有事物正在发生巨大变革，比如下图就描述了银行业在此过程发生的变化。

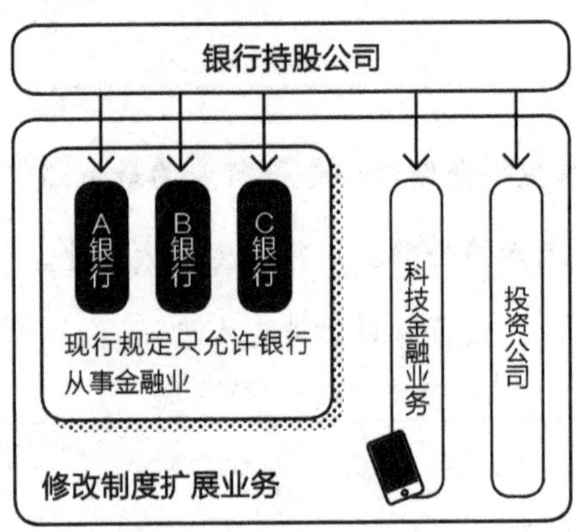

信息技术（Information Technology，IT）。IT的广泛应用使得低价便捷的金融服务在世界各地逐渐普及。智能手机、社交网络服务等媒体推动了金融服务的发展。

金融和IT不涉及物流，所以二者是非常匹配的，但在金融方面有诸多复杂的法律规定，如银行法、预付卡法、资金清算法、贷款业务法、投资法等。“如果墨守成规，日本的科技金融会逐渐落后于其他国家”，基于这种认识，日本各大银行也终于开始积极地对待科技金融这一新兴事物。

在日本，科技金融的出现很可能催生出新的商业模式。

今后，银行收购新兴科技金融公司的情况会越来越多。2015年12月曾有过这样的新闻报道：“为了放宽对银行收购新兴IT企业的限制，日本金融厅将在2016年向国会提出银行法等相关法律的修正案。今后，通过银行持股公司的子公司进行新兴IT企业的收购成为可能。”

何为科技金融?

科技金融
（Fintech）
=
金融
（Finance）
+
科技
（Technology）

2　科技金融企业概观 ① 结算

世界各地的新兴科技金融公司

在2014年之后的美国，Square、Lending Club等科技金融公司上市，超过 50 家同类企业被收购。世界各地的科技金融公司已超过 1 000 家。许多新兴公司提供与传统金融机构相同的服务，却只收取不到 1/10 的手续费，有的公司甚至提供免费服务。只使用手机就可以办理业务，“快速、简单、低价”的优点，使得这些新兴公司颇受欢迎。

如今，结算业务吸引了众多的新兴企业参与竞争。2005 年之后，由于 Suica 等电子货币和手机钱包的普及，日本已拥有世界最前沿的金融服务。与此同时，世界上的其他国家正专注于如何提高信用卡的便捷性。

贝宝（PayPal）是一种通过预先录入信用卡信息即可低价、便捷地完成线上线下付款的结算方式。此外，还有许多新型支付方式，例如，用户还可以将多张信用卡、会员卡信息载入至一张专用卡片状设备（Coin、Plastic）；通过在手机上安装专用设备，将手机变成移动 POS 机（Square、Coiney、PayPalHere）；使用手机摄像头使手机具有与 POS 机一样的功能（Flint）；代理银行为用户提供服务（Moven）等。这些支付手段的出现，使得我们即使在实体店内也可以不必排队，只需通过网络即可完成支付。

贝宝（PayPal）的支付流程

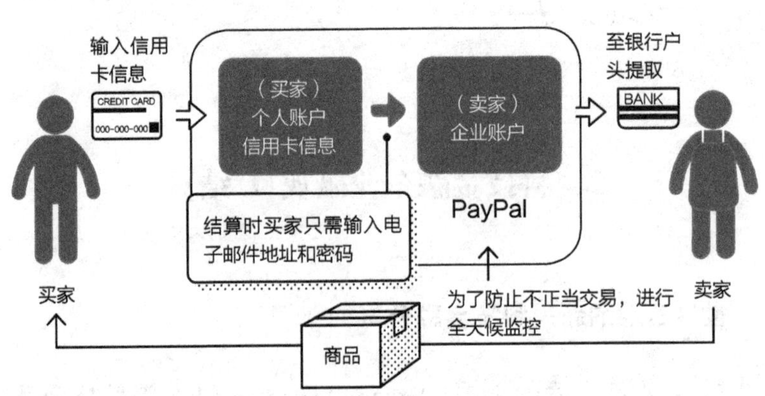

谷歌、苹果、Line 等大型平台型企业以及美国最大零售商的沃尔玛也逐步引进电子结算业务。

在诸多领域中，都可以看到新兴手机电子结算活跃的身影。

需要注意的是，各公司正以结算业务为基础，广泛开展审查、融资等业务。明摆着要抢银行的饭碗啊！

日本各大手机支付服务商

名称	初期费用	结算期限	对应信用卡品牌
Square	0 日元	三井住友银行是第二个工作日，其他银行是每周五	VISA、Master
Coiney	0 日元	每月结算 6 次，12 天一个周期	VISA、Master、Saison card（Saison card 包括 Saison amex、合作卡的 JCB 等）
乐天 Smartpay	0 日元	乐天银行是第二个工作日，其他银行是委托汇款的第二天	VISA、Master、乐天卡
PayPal Here	0 日元（读卡器是公开价）	最短 3 天	VISA、Master、American Express

3 科技金融企业概观 ② 汇兑、审查、投资、融资

放宽法律限制之后，科技金融将在日本得到进一步普及

需要普通转账时，一些只需通过手机 App、短信或聊天工具便可轻松完成转账的支付工具受到人们的追捧（M-Pesa、Venmo）。

企业如果采用银行贷款、风投等方式筹集资金，则会面临审查严、耗时长等问题。因此，现在越来越多的企业开始采用众筹的方式向群众募集项目资金（OnDeck、Kickstarter）。众筹可以分为股权众筹、债权众筹、回报众筹、捐赠众筹等几种类型。回报众筹是指投资者预先购入仍处于研发或生产阶段的产品，而项目发起人也可以通过投资者筹集资金，并根据其反响预测产品的销售情况。

科技金融正扩大到各金融领域

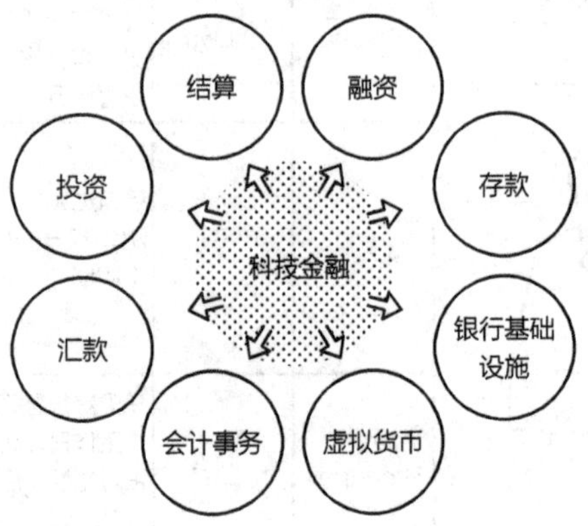

家庭收支 App 可以记录家庭资金的使用情况，基于此，越来越多的公司开始使用 AI 帮助人们理财。通常，专家们会给有钱人一些投资建议，并收取 2% 的手续费。不过，现在有些理财公司只收取 0.25% 的手续费。面向个人的贷款业务开始稳增，在非银行金融机构融资的企业也越来越多。如果从银行贷款的话，需要详细审查项目报表，还需要担保；但如果从科技金融公司贷款，需要审查的内容为：会计软件的应用数据（Kabbage）、SNS 上的活跃度及好评数据、EC（电商）网站上的营业额变化等大数据。

日本的科技金融公司MoneyForward、freee、Moneytree等正在迅速发展。

IT企业正大力开展金融业务

	金融	IT
1999年	大城市的银行开始提供手机银行、网络银行服务	索尼等公司开始对电子货币进行实证实验
2001年		以网络业务为核心的索尼银行成立。Suica进入东京圈
2004年	SURUGA银行引入生物识别技术	中国阿里巴巴集团推出支付宝业务
2009年		乐天收购eBANK公司（现在的乐天银行）
2010年	大型银行开始提供手机银行服务	
2014年	日本所有银行开始提供365天24小时全天候服务	美国苹果公司推出苹果支付（Apple Pay）业务，美国LendingClub上市
2015年		Google推出结算业务——安卓支付（Android Pay）

4 科技金融企业概观③面向经营者的贷款

与金钱相关的所有事务正发生巨变

美国亚马逊作为著名电商平台之一，已启动面向企业的小型商业贷款业务。有的企业并未提出贷款申请，但也收到了诸如“贵公司可以获得××元的贷款，利息为××”的广告性建议。

可以预计，今后的电商企业会陆续开展此类金融业务。由于银行很难掌握企业的实时销售信息，所以在此背景下，银行开始认真商讨关于发展电商等其他业务的问题。今后，银行很可能收购、运营电商网站。贷款这一行为，对企业来说可以增加运转资金，对电商平台来说可以提高营业额。

此外，还出现了健康类 App（测定心跳、步数等健康数值）与保险的组合（Oscar）、根据车辆行驶情况变更保险费的保险，以及安全类新兴企业。在非洲肯尼亚，M–Pesa 的手机转账服务承担了五至七成的汇款业务。新兴科技金融企业通过与传统金融企业合作来提供更加便捷、低价的服务。

提供手机汇款服务的典型案例
肯尼亚电信运营商 Safaricom 的“M–Pesa”的支付流程

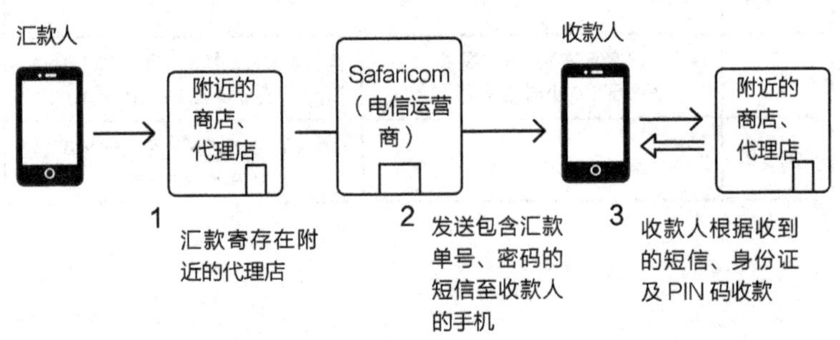

出处：日本总务省“发展中国家 ICT 使用现状调查研究”（2015 年）

美国上市公司 Square 推出智能手机的刷卡器功能，此项服务得以普及与长期以来消费者都倾向于使用信用卡的习惯有很大关系。

要点

每一家成功的科技金融公司都具备简单、方便、低廉的特点。此外，不过分改变人们的行为方式也是成功条件之一。

以我的经验来看，改变一个人的行为方式是非常困难的。如果能找到一种低价、便捷的服务，哪怕只是帮人们省去一丁点麻烦，也可以成为创业的契机。

测验

“金融的最新趋势”小测验
一起来复习下金融的最新趋势吧！

在第一章中，我们学习了一些撼动金融业根基的新兴事物。科技金融的出现使得整个金融业正在发生变化，日本社会将会酝酿出新的商业模式。让我们一起做个回顾吧。

（1） 科技金融（Fintech），是 ________ 和 ________ 的合成词。

（2） 世界范围内，科技金融公司已超过 ________ 家。

（3） ________ 是一种通过预先录入信用卡信息即可低价、便捷地完成线上线下付款的结算方式。

（4） 通过在手机上安装专用设备，可将手机变成移动 POS 机，其中比较有代表性的服务商是 ________、________、________。

（5） ________、________ 等只需通过手机 App、短信或聊天工具便可轻松完成汇款的支付工具受到人们的追捧。

（6） 越来越多的公司开始使用 ________ 帮助人们理财。

（7） 提供电商服务的公司在今后开展 ________、________ 等金融业务的可能性较高。

答案

（1） 科技金融（Fintech），是金融（Finance）和科技（Technology）的合成词。

（2） 世界范围内，科技金融公司已超过 1 000 家。

（3） 贝宝（PayPal）是一种通过预先录入信用卡信息即可低价、便捷地完成线上线下付款的结算方式。

（4） 通过在手机上安装专用设备，可将手机变成移动 POS 机，其中比较有代表性的服务商是 Square、Coiney、PayPalHere。

（5） M-Pesa、Venmo 等只需通过手机 App、短信或聊天工具便可轻松完成汇款的支付工具受到人们的追捧。

（6） 越来越多的公司开始使用人工智能（AI）帮助人们理财。

（7） 提供电商服务的公司在今后开展贷款、应收账款等金融业务的可能性较高。

第2章
财务报表和分析指标

Part 2

Finance Statement & Analysis

本章将要学习财务报表和分析指标的相关内容。

通过本章的学习，

大家可了解企业的经营和财务状况。

---

5 何为财务报表

读懂企业的经营和财务状况

财务报表是指企业在结算期制作的会计数据。具体来说，财务报表包括资产负债表（Balance Sheet B/S）、损益表（也叫利润表，Profit and Loss Statement P/L）、现金流量表（Cash Flow Statement C/S），总称财务三表。在日语中，财务报表也叫作决算书。

对于没有接触过这方面知识的读者来说，刚开始可能感觉比较吃力。但此类知识都有固定模式，习惯之后便会觉得非常简单。

下一节中将对财务三表进行详细说明。通过分析财务三表可以准确把握企业的经营、财务状况。财务三表也为指标分析提供了基础数据。对于上市企业，只要登录 IR 网站，便可下载“决算报告”“有价证券报告书”以及业绩说明会中使用的 PPT 资料等。

这些文件会通过文章、图片的形式对财务三表中的数字进行

详细说明。此外，最近有的公司开始录制股东说明会现场的视频，通过观看视频，即使读不懂财务三表的人也可以清楚了解企业的财务状况。

掌握一定的会计知识有助于帮助大家读懂财务报表，所以我建议大家读一读相关教科书。尤其是需要将资金分类入账时，更需要此类知识的帮助。如果不需要分类入账的读者可以只学习比较基础的部分。

认真理解“资产负债表”“损益表”“现金流量表”三者的区别和作用。

在日本，上市公司一定有 IR 网站，在网站上可以下载其财务报表；很多非上市企业也会在自己公司的网站上公开财务报表的数据。此外，越来越多的企业开始录制股东说明会现场的视频。

6 财务三表

读懂财务三表，了解企业情况

下面我们一起来学习一下财务三表（资产负债表、损益表、现金流量表）。企业从银行或股东手中获得资金，然后将资金用于各项投资以获取利润。统计企业在结算日的财务状况的主要会计报表即为资产负债表（B/S）。

很多读者对于损益表多少有些了解，对资产负债表却比较陌生。但对于银行职员来说，接触最多的就是资产负债表。因为资产负债表可以帮助人们了解企业资金的主要用途。

资产负债表的主要内容

流动资产
- 货币资金
- 有价证券
- 应收票据（企业持有的尚未到期、尚未兑现的票据）
- 应收账款（赊账的金额）
- 库存

固定资产
- 有形固定资产（土地、建筑物、机械设备等）
- 无形固定资产（经营权、专利权等）
- 投资及其他资产

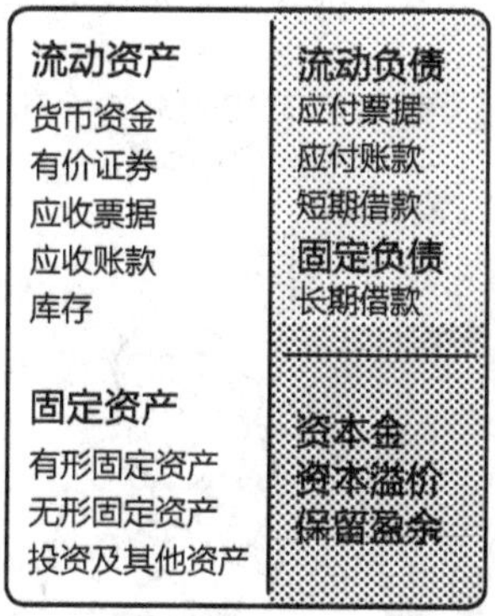

流动资产 货币资金 有价证券 应收票据 应收账款 库存	流动负债 应付票据 应付账款 短期借款 固定负债 长期借款
固定资产 有形固定资产 无形固定资产 投资及其他资产	资本金 资本溢价 保留盈余

流动负债
- 应付票据（支付进货款的票据）
- 应付账款（赊账的金额）
- 短期借款（还款期限在一年以下的借款）

固定负债
- 长期借款（还款期限在一年以上的借款）
- 公司债券（普通公司债券、可转换公司债券等）

净资产部分
- 每期的净利润减去分红之后累计起来的留存收益

资产负债表

资产负债表是反映企业如何筹措及使用资金、以及在结算日时以何种形式使用、持有资金的会计报表。就报表基本组成而言，资产负债表的左边列示企业总资产，通常被称为“借方”；右边列示企业总资金，通常被称为“贷方”。筹集的资金以负债和所有者权益的形式表示，使用、持有的资金以资产的形式表示。由此可以得出“资产=负债+所有者权益”这一平衡公式。

资产分为流动资产和固定资产。流动资产是指企业可以在一年内变现的资产，如股份等有价证券、应收账款、存款、现金等。固定资产是指企业持有的、使用时间超过 12 个月的，价值达到 10 万日元以上的建筑物、机械、土地等非货币性资产。负债也分为一年内必须支付的流动负债（赊销贷款、短期借款）和期限超过一年的固定负债（公司债券、长期借款）。所有者权益是指企业资产扣除负债后由所有者享有的剩余权益。

需要注意的是，在资本的计算中会加上上一年扣税之后的利润，所以即使本年度公司未发行新股票，资本也会有所增加。

银行职员通过查看资产负债表可以了解企业资金的去向。

损益表

损益表（P/L）是反映企业在一定会计期（半年或一年）内经营成果的会计报表，相当于企业的“成绩单”。资产负债表是公司结算日当天的财务状况，而损益表反映的是企业在一定期间内利润实现(或发生亏损)的财务报表。下图列出了损益表的主要内容。所有收入相加即得销售额。销售额减去原料进价即得毛利润。从毛利润中扣除销售及管理费用即得营业利润。销售及管理费用中销售费用是指业务员的工资、广告宣传费等营业活动费用，管理费用是指员工的劳务费、房屋租金及其他管理费用。

“经常利润”是指扣除红利、利息支出等非经常性损益后的净利润。之前，大家普遍重视“经常利润”，但近几年来，营业利润变得更受重视。

何为损益表

① 销售额	产品、商品、服务的销售额
② 销售成本	产品的制造成本或商品的进货价
③＝①－② **销售总利润**	销售产品、商品的利润
④ 销售及管理费用	销售、管理过程中产生的费用
⑤＝③－④ **营业利润**	经营活动产生的利润
⑥ 营业外收支	（支付利息、已获利息等）与生产经营活动没有直接关系的各项收支
⑦＝⑤－⑥ **经常利润**	扣除非经常性损益后的净利润
⑧ 非经常性损益	与主营业务无直接关系的各项收支
⑨＝⑦－⑧ **税前净利润**	企业活动产生的所有利润
⑩ 法人税	根据当期利润计算出的应付税额
⑪＝⑨－⑩ **净利润**	扣除应付税额之后剩余的利润

之所以出现这种现象是由于“经常利润”是日本独有的概念。近年来，越来越多的企业开始使用国际会计准则，对于企业来说，使用营业利润而非“经常利润”更便于与其他国家比较。

税前净利润是指企业的营业收入扣除成本费用以及流转税后的利润。净利润是指在销售总利润中按规定缴纳所得税后公司的利润留成。

下面，我们将学习一些经常在报纸中出现的相关用语。

（1）税后净营业利润，简称 NOPAT（Net Operating Profit After Tax)。息税前利润，简称 EBIT（Earnings Before Interest and Tax），计算公式为税后净营业利润＝经常利润＋利息支出－利息收入。

（2）经常利润即“经常项目中利润”，并不包括本期临时发生的利润（或亏损）。

（3）税息折旧及摊销前利润，简称EBITDA（Earnings BeforeInterest, Taxes, Depreciation and Amortization），即未计利息（Interest）、税项（Taxes）、折旧（Depreciation）及摊销（Amortization）前的利润，也就是说将折旧费重新加上营业利润。这里大家只需简单了解一下即可，后面会进行更加详细地说明。

NOPLAT 是指按默认税率计算的扣除所得税后的净营业利润，而 NOPAT 指按实际税率计算的税后净营业利润。二者的区别就是以实际税率计算，还是以默认税率计算，日本一般将税率默认为 40%。在实际业务中，计算 NOPAT 时大多使用实际税率，所以很多时候与计算 NOPLAT 相同。

NOPAT=EBIT×（1- 实际税率）
EBIT= 经常利润 + 利息支出 - 利息收入
EBITDA= 营业利润 + 折旧费

现金流量表

现金流量表（以下简称 CS）所表达的是现金的增减变动情形。现金流量分为三类，即经营活动产生的现金流量、投资活动产生的现金流量、筹资活动产生的现金流量。

经营活动现金流量主要表示销售、进货等经营活动所引起的收入或支出的差额。如果收入大于支出，则证明经营状况良好。

投资活动现金流量是指购买或销售固定资产、股份等产生的现金流量。为了经营活动的有序进行，需要进行设备投资，这时会产生现金流出，一般为负值。当公司出售设备的金额大于投资金额，则会产生现金流入，这时一般为正值。

筹资活动现金流量表示的是当经营活动及投资活动引起的现金支出大于现金流入时，采用从外部借款或发行股票的方式来筹集资金。支付给股东股息红利、购买自己公司发行的股票、返还借款等行为会产生现金流出，而借款及发行公司债券等筹集资金的行为会产生现金流入。

财务三表包括资产负债表（B/S）、损益表(P/L)、现金流量表(C/S)。

此外，经营现金流和投资现金流合称为自由（简便）现金流。

这里的“自由”指的是公司可以自由支配此类资金。这与下面企业价值评估中出现的“自由现金流”意思不同。这里的“自由现金流”也被称为现金收支或简便现金流。所以说，“自由现金流”一词有两种不同的含义，这一点需要大家格外留意。

财务三表的关系如下图所示。

财务三表的关系

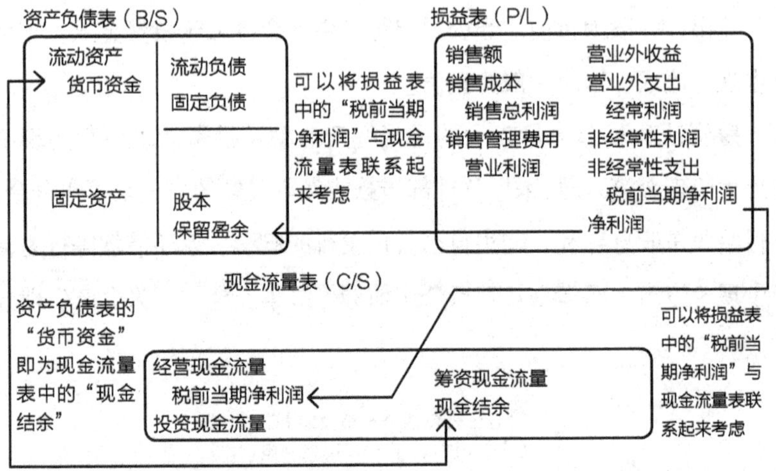

出处：本表依据圆贞克则所著的《财务三表融会贯通法》做成

资本盈余加上支付红利之后的净利润，资本会有所增加。

正如前面所说的那样，股本的增加不只意味着资本增加，利润也会相应增加。

要点
请大家记住“自由现金流”有两种不同的含义。

经营指标：
用于不同规模企业之间的比较

正如前面所说，在分析某企业的经营状况时，需要查看资产负债表和损益表等财务报表，但有时即使看到了销售额、利润等数据也很难明白企业的真实情况。

因此，如果想了解企业的真实状况还需要用到“经营指标”。

经营指标是指通过资产负债表、损益表中的数据，以比率的形式呈现企业收益性、安全性情况的指标。

经营指标还可用于同一企业不同年度经营情况的比较及不同规模企业间的比较。此外，进行比较时一般会有一个参考值。

本书将重点讲解以下 4 种基本指标。

A 盈利性指标 Profitability Index	B 安全性指标 Solvency Ratio, Safety Index
C 资本效率性指标 Capital Efficiency	D 成长性指标 Growth Index

① 资产收益率
（Return on Assets, ROA）

A 盈利性指标

企业是否能够高效利用资产

资产收益率（ROA）是用来衡量单位资产创造多少净利润的指标。资产收益率＝利润 ÷ 资产 ×100%，或资产收益率 = 营业利润率 × 资产周转率。

若用营业利润 ÷ 资产 ×100%，则能够得出企业主要业务的效率性和营利性；若用经常利润 ÷ 资产 ×100%，则能够得出企业所有活动的效率性和收益性。

钢铁、电力、铁路等需要大规模设备、机械的行业，资产收益率会偏低，相反地，IT 等不需要大型设备的行业，资产收益率会偏高。因此，不同行业之间比较资产收益率的意义不大。如果想进行投资判断，最好在同行业企业之间进行比较。

ROA 的计算公式

ROA= 利润 ÷ 资产 ×100%

或者

ROA= 利润率 × 资产周转率 ×100%

② 股本回报率
（Return on Equity, ROE）

A 营利性指标

股本能创造多少利润

股本回报率是用来衡量股东提供的资本创造多少利润的指标。公式为：股本回报率 = 净收入 ÷ 股东股本（自有资本）×100%。此外，EPS（Earnings Per share，每股收益）÷ BPS（Book value Per share，每股净资产）也能够算出股本回报率。股本回报率关系到股东能够分得红利的多少，所以投资人会格外关注这个指标。

股本回报率越高表示股本创造的利润越多。据说日本企业的平均股本回报率约为 8%。当然不，同行业这个数值会有差别，不过，在日本，如果股本回报率超过 10%，则为较高数值。

当出现裁员等削减企业成本的情况时，股本回报率会变高，所以也不能说股本回报率越高越好。此外，如果自有资本比率较低（即借款等负债金额较多），股本回报率也会变高，这一点需要引起注意。

ROE 的计算公式

ROE= 净收入 ÷ 股东股本 ×100%

ROE=EPS（每股收益）÷BPS（每股净资产）×100%

③ 投资报酬率
（Return on Investment, ROI）

A 盈利性指标

投资的获利能力

投资报酬率是表示投资额创造了多少利润的指标。投资报酬率 = 利润 ÷ 投资额 ×100%。

其中，利润 = 经常利润 + 支付利息，投资额 = 借款 + 公司债券发行数额 + 股东股本。投资报酬率与上一节的股本回报率有些许相似，但要注意计算投资报酬率时涉及借款和公司债券。

投资报酬率可以用于评价项目、分公司等各项经营活动的收益，还可用于同行业之间公司收益的比较。

此外，通过投资报酬率的倒数（1 ÷ ROI）可以知晓投资回收年限。例如，投资报酬率如果为 5%，则投资回收年限为 20 年，投资报酬率如果为 20%，则回收年限为 5 年。投资报酬率经常用于评价新开业的连锁餐馆或零售店。

ROI 的计算公式

ROI= 利润（经常利润 + 支付利息）÷ 投资额（借款 + 公司债券发行数额 + 股东股本）×100%

④ 毛利率

（Gross Income on Sales / Gross Profit Rate）

A　营利性指标

判断商品是否营利

毛利率即销售商品时，可以获得的利润为多少，即此指标可用来判断某种商品是否可以营利。毛利率 = 毛利润 ÷ 销售收入 ×100%，其中，销售收入减去销售成本即得毛利润。

一些大品牌产品以及创新型产品由于价格比较高，毛利率也会相应偏高。此外，若是省去批发商等中间环节，而把主要精力用于“库存管理”“工序管理”“质量管理”“生产管理”等环节，着力提高生产效率，降低次品率，则会增加销售成本，相应地毛利率会变低。

通过与同行业其他公司的毛利率进行比较，可以帮助企业设立正确的改进目标。此外，选择经营商品的种类时也可以使用这一指标。不过，由于不同行业之间毛利率差别较大，不适合直接比较。

毛利率的计算公式

毛利率 = 毛利润（销售收入 – 销售成本）÷ 销售收入 ×100%

⑤ 营业利润率

（Operating Profit Ratio）

A　盈利性指标

通过经营获取利润的能力

营业利润率是衡量企业经营效率的指标，表示的是企业主营业务获取利润的能力。营业利润率 = 营业利润 ÷ 营业收入

×100%，其中，营业利润＝销售额－营业成本－销售费用－管理费用。销售费用指的是销售人员的工资、广告宣传费等销售过程中产生的费用。管理费用指的是管理人员的工资、文具费、水电暖费等公司运营所需的费用。

通过将营业利润率与本公司的毛利率或者是同行业其他公司的营业利润率进行比较，可以了解公司销售管理费用的使用情况。例如，尽管毛利率增加了但营业利润率变低了，这就意味着销售管理费用增加了。不过，服务业及金融行业不存在毛利率，所以无法进行比较。

营业利润率的计算公式

营业利润率＝营业利润（销售额－营业成本－销售费用·管理费用）÷营业收入×100%

⑥ 经常利润率
（Ordinary Profit Ratio / Current Profit Ratio）

A　盈利性指标

反映包括财务在内的企业综合实力

除了主营业务外，企业还有许多其他盈利方式。例如，股票红利、销售利润及存款利息、固定资产的租金等等（不包含出售固定资产获得的暂时性营业外收入）。经常利润是指营业利润加利息等营业外收益。主营业务的收益加上财务方面的收益即得经常利润，因此可以说经常利润就是企业的综合实力。经常利润率可以帮助判断一家企业的综合实力。公式为：经常利润率＝经常利润÷销售额×100%。

其实，并非是经常利润率越高便意味着这家企业越好。比如，通过出售股份，可以有目的地提高经常利润率。因此，需要与代表主营业务能力的营业利润率进行比较。如果营业利润率也提高了，那说明企业经营状况良好。不过，由于经常利润为日本独有的概念，近几年使用频率越来越低。

经常利润率的计算公式

经常利润率 = 经常利润（销售额 – 营业成本 – 销售费用 · 管理费用 + 营业外收入 – 营业外费用）÷ 销售额 ×100%

⑦ 流动比率
（Current Ratio）

B　安全性指标

衡量企业财务体制的健全度及支付能力

流动资产是指企业可以在一年以内变现或耗用的资产，流动负债是指需要在一年以内偿还的债务。流动比率 = 流动资产 ÷ 流动负债 ×100%。根据这个指标可以知晓流动负债在流动资产中的比例。简单来说，流动比率若是小于 100%，则企业即使卖掉资产也无法还清负债。这时需要从金融机构筹措资金。

不过，即使流动比率超过 100%，若是应收账款没有在截止日期前缴纳或不良库存太多导致企业无法及时变现，也就无法返还债款。不同行业会有些许差别，不过，一般认为流动比率超过 200%，则意味着企业有较好的短期偿债能力。要仔细确认流动资产是否可以变现。

流动比率的计算公式

流动比率 = 流动资产 ÷ 流动负债 ×100%

一般情况下，流动比率超过 200% 的企业有良好的短期偿债能力。

⑧ 速动比率
（Quick Assets Ratio）

B 安全性指标

判断企业是否有立即偿付流动负债的能力

速动资产是流动资产的一部分，包括现金、存款、应收票据、赊销贷款、有价证券、其他应收账款等可以迅速转换成为现金或已属于现金形式的资产。流动资产包含变现能力较差的库存品等，而速动资产几乎一年内都可以变现。因此，速动比率对于我们判断企业是否有能力归还一年内到期的流动负债具有非常重要的作用。

速动比率一般应保持在 100% 以上，也就是流动比率安全标准值的一半。如果达到这个值可以认为比较安全。不过，如果企业开始裁员的话，短时间内会支付较多的退职金，而这会导致速动比率骤降。所以在判断时应该认真了解企业内部的实际情况。

速动比率的计算公式

速动比率 = 速动资产 ÷ 流动负债 ×100%

⑨ 固定比率
（Fixed Ratio）

B 安全性指标

判断投资固定资产的安全性

固定比率是衡量企业财务制度健全度的指标。固定比率 = 固定资产 ÷ 所有者权益 ×100%。在日本，固定资产指的是能够使用一年以上且价值超过 10 万日元的资产。例如，土地、建筑物、机械、营业权、专利权、软件等。所有者权益的特征是企业不需要返还资本金。由于固定资产的使用期限较长，所以可以通过所有者权益来判断投资固定资产的安全性。

固定比率的标准值是 100% 以下。固定比率越高表示企业通过借款进行投资的行为越多。

此外，若投资建筑物、机械等会折旧的固定资产，即使最初固定比率的值较高，后来也会降低，这也意味着设备正变得陈旧。

固定比率的计算公式

固定比率 = 固定资产 ÷ 所有者权益 ×100%

⑩ 固定长期适合率
（Ratio of Fixed Assets To Fixed Liabilities）

B 安全性指标

固定比率的补充指标

评估固定资产的安全性时，首先使用固定比率。若固定比率无法做出正确判断，则使用固定长期适合率作为判断的第二指标。固定比率的值最好保持在 100% 以下，而固定长期适合率的理想值是 50% ~ 80%。若固定比率的值超过了 100%，可以使用固定长期适合率来帮助判断固定资产的安全性。

在日本，非流动负债是指偿还期在一年以上的债务，如退职准备金、长期借款、公司债券等。由于非流动负债偿还期较长，可以较为自由地使用，因此可以将非流动负债看作是资本。所以，在计算固定长期适合率时，将股东权益与非流动负债相加，来评估固定资产的安全性。

固定长期适合率的计算公式

固定长期适合率 = 固定资产 ÷（股东权益 + 非流动负债）× 100%

⑪ 股东权益比率
（Capital Ratio / Equity Ratio）

B　安全性指标

从负债比率看企业经营的安全性

股东权益比率也叫作自有资本比率，表示的是自有资本占企业资产总额的比例。公式为：股东权益比率 = 自有资本（股东权益）÷ 资产总额 ×100%。自有资本由股东出资形成的资本金以及企业的累积留存收益组成，其最大特点是无须返还。由于留存收益会不断累计，所以公司的成立时间越长，其留存收益会越丰厚。资产总额包括流动负债、非流动负债和净资产。流动负债指需要在一年内偿还的债务，非流动负债是指偿还期在一年以上的债务，净资产由股东资本、新股预约权等组成。

自有资本占资产总额的比例超过 50%，则企业经营较安全。如果自有资本的比例远低于 50%，负债比例过高，则表示企业抵御外部冲击的能力较低。

股东权益比率的计算公式

股东权益比率 = 自有资本（股东权益）÷ 资产总额 ×100%

⑫ 负债权益比率
（Debt Equity Ratio）

B 安全性指标

评估公司财务状况

负债权益比率是根据企业负债情况衡量企业财务安全性的指标，计算公式为：负债权益比率 = 负债总额 ÷ 所有者权益 ×100%。负债总额指的是从金融机构借入的资金、债券等需要归还的债务。所有者权益是不需要归还的资金。负债权益比率越高，说明负债总额越高。如果企业无负债，则此值为 0。一般认为负债权益比率越低公司财务状况越安全，而负债权益比率低于 100% 被认为是较理想的状态。

但是，公司若能够灵活利用借款，发挥良好的杠杆效应，便可以增加资本的利润率。日本普遍认为无负债经营是较好的经营方式，但实际来说，这并非是最妥当的。对于企业来说，应该努力保持负债与自有资本的平衡。负债权益比率越高，表明该企业担保能力越低，那么企业借款时会更加困难。企业可以采用减少借款、增加利润累计留存收益、增加资本等方法来降低负债权益比率。

负债权益比率的计算公式

负债权益比率 = 负债总额 ÷ 所有者权益 ×100%

⑬ 总资产周转率
（Total Capital Turnover）

C　资本效率性指标

评估总资本 / 总资产的使用情况

总资产周转率是综合评价企业全部资产的经营质量和利用效率的重要指标。总资产周转率等于销售收入与总资产的比率。总资产包括流动负债、非流动负债和净资产，也就是资产负债表的右侧部分。资产负债表左侧资产总额与右侧相同，所以也可以使用左侧的数值。无论使用总资产还是总资本，都应使用期初和期末的平均值。

周转率低，说明企业的资产利用率低。不过，不同行业间总资产周转率相差较大。例如，零售业的周转率相对较高，而房地产、通信、电力等拥有固定资产较多的行业的周转率相对较低。一般来说，如果总资产周转次数低于 1，则可以认为该企业的资本 / 资产利用率较低。

总资产周转率的计算公式

总资产周转率 = 销售收入 ÷ 总资本（期初和期末的平均值）× 100%

⑭ 营业收入增长率和营业利润增长率
（Revenue Growth Rate / Earning Growth）

D　成长性指标

以多年数据判断营业收入和利润的增长情况

营业收入增长率是指企业本年营业收入增长额同上年营业收入总额的比率。营业利润增长率是企业本年营业利润增长额与上年营业销售总利润的比率。这两个比率都是越高越好，不过只看一年的数据无法做出正确的判断。例如，某企业由于某些突发情况导致上年的营业收入与利润大跌，今年又恢复到原来的正常状态，这时该企业的收入及利润增长率会比较高，但实际上这并不是该企业的正常增长情况。此外，有很多新兴企业上升潜力较大，在刚开始的一两年，收入增长率可能会达到百分之几百。因此，不能只通过一两年的数据判断企业发展情况。如果某企业的这两个比率能够连续多年增长，则可以认为该企业发展态势良好。

若某企业的收入增长率和利润增长率都下降，则可以认为该企业的经营状况不佳。如果某企业的收入增长率增加，但是利润增长率下降，那这种情况也不容乐观。造成上述情况的原因可能是激烈的市场竞争及原材料、劳务费的上涨，使得利润空间缩小。

营业收入增长率和营业利润增长率的计算公式

营业收入增长率 =（本年度营业收入总额 - 上一年度营业收入总额）÷ 上一年度营业销售总利润 ×100%

营业利润增长率 =（本年度营业销售总利润 - 上一年度营业销售总利润）÷ 上一年度营业销售利润 ×100%

⑮ 股息支付率
（Dividend Payout Ratio）

D　成长性指标

判断企业是否重视股东

股息支付率是向股东分派的股息占公司盈利的百分比。股息支付率 = 年度总股息 ÷ 年度净利润 ×100%。年度总股息指一年内支付给股东的股息总额。如果支付给股东过多的股息，那么企业的留存利润会减少，也就无法进行有效投资。反过来，如果某企业留存利润过多，则会被认为轻视股东。此外，有的企业没有足够的利润，却从资本公积中取出资金作为股息分派给股东。这种行为被认为是本末倒置。

一般来说，成熟期的企业经过多年的积累，已经存有足够的留存收益，因此这类企业的股息支付率会较高。与之相对，新兴企业更愿意把资金用于投资，因此新兴企业的股息支付率会偏低，而这类企业主要是通过股价上涨来回报股东。相对于股息红利来说，微软等大型 IT 公司也更喜欢通过股价上涨来回报股东。上市公司的平均股息支付率低于 30%。有的企业会公开股息的预期支付率。

股息支付率的计算公式（两种）

股息支付率（%）= 年度总股息 ÷ 年度净利润 ×100%

股息支付率（%）= 每股股利 ÷ 每股收益额 ×100%

⑯ 每股净资产
（Book-value Per Share,BPS）

D 成长性指标

判断企业破产时的股票价值

净资产（自有资本）是指企业的资产总额减去负债以后的净额，每股净资产是指净资产与总股数的比率。以前在计算总股数时习惯将自己公司持有的股票计算在内，最近越来越多的公司不把自己公司持有的股票计入总股数中。

近年来，在日本“评价·换算差额”“新股预约权”“非控股股东的股份”也被看作是净资产。其中，“评价·换算差额”是“其他有价证券评价差额”“土地重估价溢额”等的合称；“新股预约权”是指其持有人（新股预约权人）在行使该权利时，可以请求该股份公司交付股份的权利；“非控股股东的股份”表示的是分公司资本中非母公司控股的部分。假如公司破产时，净资产将会返还给股东，因此，净资产也被称为“破产清理价值”。每股净资产越高，企业越稳定。

每股净资产（BPS）的计算公式

BPS= 净资产 ÷ 总股数

⑰ 每股收益
（Earnings Per Share,EPS）

D 成长性指标

反映企业的经营成果

每股收益是表示每只股票的获利能力的指标。每股收益 = 当期净利润 ÷ 股本总数。也有人认为每股收益表示的是应回报股东的红利。

最近，每股收益（EPS）经常用于评价企业的经营情况，也有越来越多的企业将 EPS 值公布在 IR 网站上供投资人参考。由于 EPS 越来越受重视，许多企业开始有意提高 EPS 的数值。例如，有的企业会增加自持股份的比重，以减少已发行的总股数使分母变小，或将出售不动产获取的营业外收入加入净利润中以使分子增大。反过来，如果将股票分割或者增加资本则会使分母变大，从而导致EPS的值下降。因此，企业可以在一定程度上操控 EPS 值，所以不能仅通过 EPS 对企业的经营情况作出判断。此外，在企业并购时，为了确定股票交换比率，EPS 是一个重要的参考指标。

每股收益（EPS）的计算公式

EPS= 当期净利润 ÷ 股本总数

⑱ 市净率
（Price Book-value Ratio,P/B ratio）

D　成长性指标

企业价值评估

市净率指的是每股股价与每股净资产的比率。股价为市场判断的企业价值，每股净资产为企业的账面价值，即公司解散清算时的价值。

高市净率意味着公司的品牌力和技术水平较高。如果某公司市净率低于 1，则表示该公司股价低于每股净资产，或者说公司信誉比较低。因此，可以说市净率的下限为 1，但实际上也存在许多市净率在 1 以下的企业。

投资股票时，在市盈率出现异常的情况下，通常以市净率作为补充指标。

市净率的计算公式：

市净率 = 每股股价 ÷ 每股净资产（BPS）

每股净资产（BPS）=（总资产 − 负债总额）÷ 总股数

⑲ 市盈率

（Price Earnings Ratio P/E ratio）

D　成长性指标

评估股票性价比

市盈率是某种股票每股市价与每股盈利的比率，常用来评估股价水平是否合理。

通过将市盈率与同行业竞争对手、行业平均值以及本公司之前的市盈率相比较来评估当前股价水平是否合理。例如，若 A 公司股价为 800 日元，每股纯收益为 100 日元的话，则市盈率为 8 倍。假如竞争对手 B 公司的市盈率为 15 倍的话，则 A 公司的合理股价可能为 1500 日元。因此，可以断定购买 A 公司 800 日元的股票是非常划算的。

市盈率没有固定的标准，比如，出售土地获得收益后市盈率会暂时下降。因此，不能仅依靠市盈率，而应结合其他指标来进行股价评估。

市盈率（PER）的计算公式

市盈率 = 总市值 ÷ 收益

或

市盈率 = 每股市价 ÷ 每股收益（EPS）

测验

“财务报表和分析指标”小测验
了解财务报表与分析指标，正确理解企业经营状况

为了更好地了解企业真实的经营状况，我们要正确理解财务报表和分析指标的各项用途。

第 2 章中我们学习了财务报表的用途及一些基本术语。可能由于术语较多，并且掺杂了很多英文，一些读者朋友们会感觉难以理解。其实只要理解了术语的基本内涵，便可轻松掌握本章内容。

（1） 财务报表是指企业在结算期制作的会计数据。具体来说，财务报表包括 ________、________、________。

（2） 通常，我们将第 1 题中的三个报表统称为“________”。

（3） 对于银行职员来说，接触最多的是 ________。

（4） NOPLAT 是指 (Net Operating Profit Less Adjusted Taxes)________。

（5） ________ 是用来衡量每单位资产创造多少净利润的指标。

（6） ________是用来衡量股东提供的资本创造多少利润的指标。

（7） ________ 是表示投资额创造了多少利润的指标。

（8） 销售商品时，用来判断此类商品是否可以盈利，用销售收入减去销售成本即得 ________。

（9） ________ 是衡量企业经营效率的指标，表示的是企业主营业务获取利润的能力。

（10） 经常利润是指 ________ 加利息等 ________。主营业务的收益加上财务方面的收益即得经常利润。

（11）________是指企业可以在一年内变现的资产，________是指一年内必须支付的负债。

（12）________也叫作自有资本比率，表示的是自有资本占企业资产总额的比例。

答案

（1） 财务报表是指企业在结算期制作的会计数据。具体来说，财务报表包括资产负债表（B/S）、损益表（P/L）、现金流量表（C/S）。

（2） 通常，我们将第1题中的三个报表统称为“财务三表”。

（3） 对于银行职员来说，接触最多的是资产负债表。

（4） NOPLAT(Net Operating Profit Less Adjusted Taxes)是指扣除所得税后的净营业利润。

（5） 资产收益率（ROA）是用来衡量每单位资产创造多少净利润的指标。

（6） 股本回报率(ROE)是用来衡量股东提供的资本创造多少利润的指标。

（7） 投资报酬率(ROI)是表示投资额创造了多少利润的指标。

（8） 销售商品时，用来判断此类商品是否可以盈利，用销售收入减去销售成本即得毛利润。

（9） 营业利润率是衡量企业经营效率的指标，表示的是企业主营业务获取利润的能力。

（10） 经常利润是指营业利润加利息等营业外收益。主营业务的收益加上财务方面的收益即得经常利润。

（11） 流动资产是指企业可以在一年内变现的资产，流动负债是指一年内必须支付的负债。

（12） 股东权益比率也叫作自有资本比率，表示的是自有资本占企业资产总额的比例。

第3章 企业价值评估

Part 3
Valuation

本章将学习金融学中非常重要的一节——企业价值评估。

虽然听上去有些深奥，

但内容并不难理解。

简单地说就是“如何确定商品价格”。

7　何为企业价值评估

企业价值的计算方法

企业价值即为企业的价格。若只用理论阐述可能大家会感觉难以理解，但由于其计算可以使用电子表格（Excel），所以实际操作并不复杂。

说到底，企业价值到底是什么？

公司分为上市公司和未上市公司两种。上市公司的股票可以在证券交易所交易。公司通过将股票出售给投资人来筹措资金，而投资人之所以购买股票是希望股价上涨可以获得股息红利。

买股票究竟要花多少钱？上市公司的股票价格由股票市场中的供求关系决定。例如，经营状况良好的企业，其股票价格在长期趋势中大概率会上涨，这是由于供不应求引起的。

计算未上市公司股价的方法大致分为三类：（1）按财务报表进行计算；（2）参考相似公司（上市公司）的股价进行计算；（3）按公司的现金流量进行计算。

也就是说，市场决定上市公司的股票价格。某上市公司的股价乘以发行总股数可以得到该公司的市值。例如，每股 1 万日元（译者注：本书使用日元为计价单元），共发行 100 股，则该公司的市值为 100 万日元。

其次，还有一种情况，例如，你正在创业，经过几年的努力，公司终于开始盈利了，就在你想大干一场的时候，有个大公司提出想收购你的公司。如果接受大公司的提议，公司将有更大的发展平台，和你一起创业的员工可以获得更安稳的生活。考虑到这两点，你打算出售公司。这时，公司每年的收益已经达到 1 亿日元以上，不过资本金仍是创业时的 10 万日元。

那么，你应该以什么样的价格来出售公司呢？ 10 亿日元还是 10 万日元？是不是感觉有些困惑？

如前所述，上市公司的股票价格由市场决定，其市值也会被公布，所以很容易得知上市公司的价格。而对于未上市公司来说，由于没有市场来调节供求关系，所以不容易得知公司的股价。

不过在实际操作中，可以通过几种方法计算出未上市公司的股价，这将在下文中做简要介绍。并不是说哪种方法一定正确，说到底还是要经过买卖双方的相互协商来确定公司的价格。

如果你打定主意不出售公司，而对方又一定要买你的公司，那公司价格飙升到 1 万亿日元也是有可能的。不过，前提是买方开出的价格要经过自己公司股东的同意。

那么，应该采用何种方法才能计算出令双方都满意的股价呢？本章将会介绍相关方法。

营业利润是指扣除原料费、劳务费、销售及管理费用之后剩余的利润

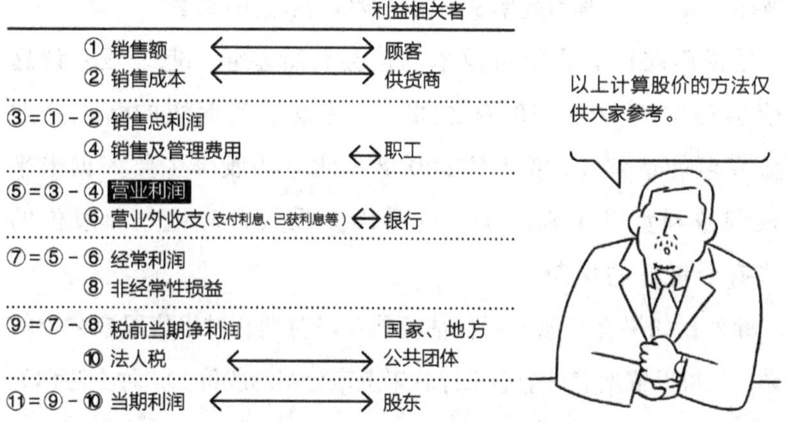

此外，本章中出现的术语及数字只是为了帮助大家对企业价值有个大概的了解，可能存在些许不严谨的地方，希望大家理解。

首先，公司每年都会制作财务报表，而财务报表包括资产负债表、损益表等。就刚才的例子来说，如果公司的资本金为 10 万日元，若没有其他负债，则公司的价值可能就是 10 万日元。但是通常来说，公司还会拥有房屋、机械、工厂等资产。此外，有的企业还有银行借款等负债。财务报表会详细记载公司资产，以财务报表为基础可以计算出企业价值。

其次，假如你的公司与一家上市公司的经营业务完全相同（相似公司），而这家上市公司的股价由市场决定，已知该企业每年收益2亿日元，市值20亿日元。那么，可以推算出该企业市值大致是每年收益的10倍。

因此，如果你的公司每年收益1亿日元，按上述公式推算，若公司上市的话，则其市值应为10亿日元。此种通过相似公司来对企业进行估值的方法称为可比公司法。

公司市值除以股数可以得出每股股价。此外，上面提到的10倍也被称为市盈率，其市盈率表示的是股价与收益的比率。

虽说不同行业之间市盈率的值会有所差异，但一般来说这个值会集中于10～20倍之间。一些发展速度快的新兴企业市盈率可能达到50倍甚至100倍（此时的股价主要依据未来的预期盈利水平来判断）。这是因为投资人对该企业股价的上涨有着良好的预期。

此外，如果有相似公司在估值前一段时期有过出售股票之类的交易，也可以依据交易金额来计算未上市公司的股价。这种方法称为可比交易法。

但是，在实际生活中几乎不存在完全一致的公司。因此，最经常使用的方法是DCF法。DCF法即现金流贴现法，指用资产未来可以产生现金流的折现值来评估资产的价值。通常使用自由现金流（Free Cash Flow，FCF）的数值进行计算。自由现金流是指公司（出资的股东及提供融资的债权人）可以自由使用的资金。

自由现金流

= 营业利润（1－税率）+ 折旧和摊销 – 资本支出 – 营运资金增加额

= 营业利润 – 营业利润 × 税率（法人税）+ 折旧和摊销 – 资本支出 – 营运资金增加额

计算股价的方法包括以资产负债表为基础的计算方法、可比公司法、现金流折现法等。在实际操作中一般会综合使用这几种方法。

计算自由现金流时，需要以损益表中的营业利润为基础，对公司实际现金流出情况与损益表中数据的出入加以校正。

在财务中，统计固定资产时需要进行折旧。比如，购买一辆200万日元的车，实际支付给销售商200万日元之后，公司现金会相应减少200万日元。但在实际记录中，这辆车如果使用5年，则意味着有5年的使用寿命，计算费用时会分5次以折旧的方式计算。

例如，每年的费用算作40万日元，那当年公司现金只会减少40

万日元。相比于上一种计算方式，此种计算方式中当年的公司利润会增加。但实际上，第一年时公司现金已经减少了 200 万日元。为了将会计上的数据与实际现金流相统一，需要修正折旧费。为了修正损益表和实际现金流的差别，需要对其中几项进行修正。

自由现金流的计算公式为：FCF= 税后净营业利润 + 折旧及摊销 - 净营运资本增加额 - 资本支出。

营运资本也叫作营运资金，也可以称作“过渡性资金”。例如，你购入某种商品在网上进行销售。那么，本月售出商品的货款是无法立即收回的。但是，如果不进货的话会没有东西可卖，所以进货也是必需的。而很多情况下，必须预先支付进货货款。因此，想要保证足够的营运资本，需要预先筹集资金。

营运资本的计算公式为：营运资本 = 应收货款 + 库存资产 - 应付账款。

对于企业来说，最期望的事情莫过于尽快收回资金并尽量延迟支付货款。因此，需要充分考虑到与客户的关系及客户的经济情况。资本支出是指由于投资工厂、设备等产生的现金支出。但在实际情况中，我们应以损益表为基础计算公司可自由支配的现金流量。

如何以现金流量为基础来计算企业价值（公司的价格）呢？为解决这一问题，下一节我们将学习“现值”这一概念。

所谓企业价值就是公司的价格。使用 EXCEL 表格即可轻松计算。

最常用的方法是DCF
法。自由现金流是指公
司可以自由支配的现金。

8 现 值

金钱的价值会随着时间变化而变化

比如说，现在给你 100 万日元或者一年后给你 101 万日元，你会选择哪个？

大多数人会觉得一年后的事情变数太大，而且两者数额相差不大，还是选择第一项为好。

那么，如果把第二个选项变为一年后给你 110 万日元，你会不会动心呢？看到这个选项之后，可能会有许多人开始犹豫了。理论上说，如果今天得到了 100 万日元，马上把这些钱存入银行，如果存款利率为 5%，则一年后本息共 105 万日元。

这 105 万日元就是之前的 100 万日元在一年之后的未来价值。因此，在这种情况下，选择一年后得 110 万日元是更加合算的。从上面可以看出，一年后 105 万日元的现值为 100 万日元。所谓现值是指对预期现金流量以恰当的折现率进行折现后的价值。

现在的 100 万日元与 5 年后的 127.63 万日元价值相同

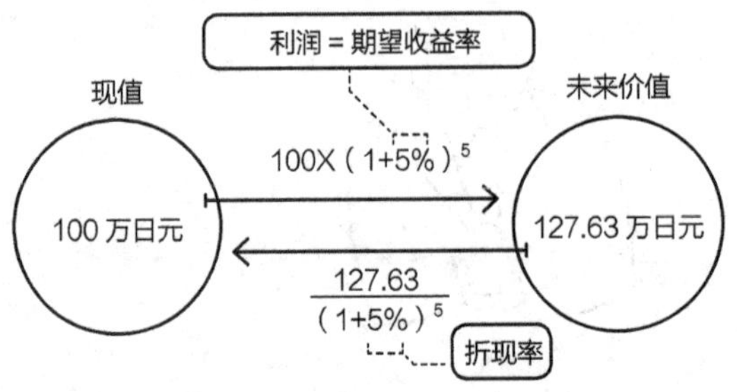

• 5 年后的 127.63 万日元，若利率为 5%，则现值为 100 万日元。
• 折现率来自于人们对预期收益的判断，所以经常会发生变化。折现率也被称作期望收益率。

金融学中有许多类似于“折现率”“期望收益率”等术语，它们的意思相同，但适用场合略有不同。

股东、银行等债权人将资金投资给企业，希望从企业获得高于银行利率的收益。我们把这种投资者在投资时期望获得的报酬率称为期望收益率。

假设有一家公司每年现金收益为 100 万日元，股东、债权人的期望收益率为 5%。也就意味着，该公司的利润要达到 5% 以上。

该公司一年后获得的 100 万日元收益，利率为 5%，则现值为 100 除以 1.05，即 95.23 万日元。两年后的 100 万日元，利率相同，则现值为 100 除以 1.05 的二次方，即 90.7 万日元。以此类推，第三年的 100 万日元，现值为 100 除以 1.05 的三次方。也就是说每年 100 万日元的现金收益都要根据年份相应地除以 1.05 的 n 次方来计算现值。

何为未来价值

$$\text{未来价值}(FV)=CFR\times(1+r)^{R}$$

若期望收益率为 5%，则 100 万日元 5 年后的未来价值为：

$FV=100\times(1+0.05)\times(1+0.05)\times(1+0.05)\times(1+0.05)\times(1+0.05)$
$=100\times(1+0.05)5=127.63$（元）

折现率也被称为折现系数（Discount Factor，DF）。通过每年的现金流量及折现系数，可算出预期各年现金收益的现值。

通过计算预期现金流量的现值总和可以得到当前公司的价值。

我们来总结一下刚才的内容，“通过股东及债权人的期望收益率和预期现金流量可以计算得到预期各年现金收益的现值，通过现值之和可以计算出企业价值”。

企业价值等于股权价值加债权价值。

**现金流量乘以折现率（DF）
得到现值**

折现率

$$\text{现值}(PV)=CF_n\times\frac{1}{(1+r)^{R}}$$

若折现率为 5%，则 5 年后收到的 127.63 万日元的现值为：

$PV\times(1+0.05)^{5}=127.63$

$PV=127.63\times\frac{1}{1.05^{5}}=100$

计算公式看起来比较复杂，但实际得出的公式较为简单。

永久债券的现值

债券年利息额用 C 来表示，折现率为 r，则该永久债券的现值

PV 的计算公式如下。

$$PV=\frac{C}{(1+r)}+\frac{C}{(1+r)^2}+\frac{C}{(1+r)^3}+\frac{C}{(1+r)^4}+\frac{C}{(1+r)^5}+\frac{C}{(1+r)^n}\cdots$$

两边同时乘以（1+r）之后，得出

$$(1+r)*PV=C+\frac{C}{(1+r)}+\frac{C}{(1+r)^2}+\frac{C}{(1+r)^3}+\frac{C}{(1+r)^4}+\frac{C}{(1+r)^5}+\frac{C}{(1+r)^n}\cdots$$

$$-)^{*}PV=C+\frac{C}{(1+r)}+\frac{C}{(1+r)^2}+\frac{C}{(1+r)^3}+\frac{C}{(1+r)^4}+\frac{C}{(1+r)^5}+\frac{C}{(1+r)^n}\cdots$$

将前面的公式化简后得

$$r*PV=C\longrightarrow PV=\frac{C}{r}$$

增长型永久债券的现值

债券年利息额用 C 来表示，永久增长率为 g，

则该增长型永久债券的现值 PV 的计算公式如下。

$$PV=\frac{C}{(1+r)}+\frac{C(1+g)}{(1+r)^2}+\frac{C(1+g)^2}{(1+r)^3}+\frac{C(1+g)^3}{(1+r)^4}+\frac{C(1+g)^4}{(1+r)^5}+\frac{C(1+g)^{n-1}\cdots}{(1+r)^n}$$

两边同时乘以（1+g）/（1+r）之后，化简得到

$$PV=\frac{C}{(1+r)}+\frac{C(1+g)}{(1+r)^2}+\frac{C(1+g)^2}{(1+r)^3}+\frac{C(1+g)^3}{(1+r)^4}+\frac{C(1+g)^4}{(1+r)^5}+\frac{C(1+g)^{n-1}\cdots}{(1+r)^n}$$

$$-)\ \frac{1+g}{1+r}PV=\frac{C}{(1+r)}+\frac{C(1+g)}{(1+r)^2}+\frac{C(1+g)^2}{(1+r)^3}+\frac{C(1+g)^3}{(1+r)^4}+\frac{C(1+g)^4}{(1+r)^5}+\frac{C(1+g)^{n-1}\cdots}{(1+r)^n}$$

$$[1-\frac{1+g}{1+r}]PV=\frac{C}{(1+r)}\longrightarrow\frac{r-g}{1+r}PV=\frac{C}{(1+r)}\rightarrow PV=\frac{C}{r-g}$$

9　企业价值的计算方法

计算企业价值的三种方法

本节将和读者朋友们一起复习计算企业价值的三种方法。

这三种计算方法在实际操作中一般会交叉使用。

资产法、市价资产法

资产法、市价资产法都是以资产负债表为基础来计算企业价值。

例如，有的公司持有土地等固定资产，公司账面上记载着土地购买时的价格。过了几十年之后，土地价格上涨了，但账面上记载的依然是购入时的价格。

企业筹集、运用资金

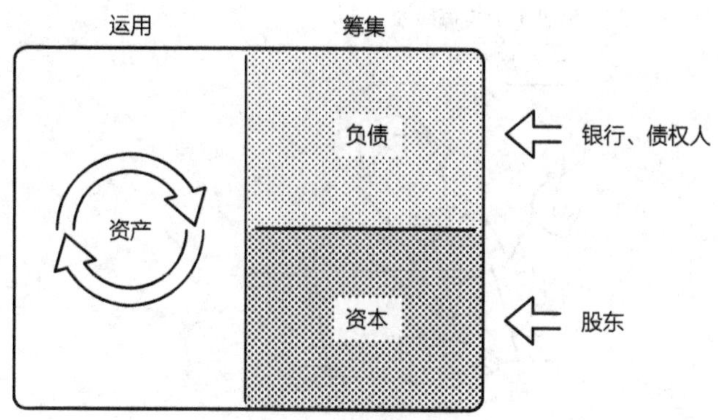

资产法是指依据账目数字制成资产负债表，从资产中减去负债，得到的净资产即为总市值。

市价资产法是指以市价重新计算公司现时保有的全部资产，并据此制成资产负债表。从资产中减去负债，得到的市价净资产即为总市值。

总市值加上借款、公司债券等负债即得企业价值，关于这一点我们将稍后加以说明。

可比公司法、可比交易法

正如我们之前所讲，可比公司法是指挑选出与非上市公司经营业务、规模等相似的上市公司，以相似公司的财务数据和股价的比率为依据进行评价的方法，一般依照市盈率进行计算。

每股股价乘以发行总股数等于公司总市值。总市值加上借款、公司债券等负债，即得企业价值。

可比交易法是以相似公司在实际交易中市盈率等数值为基础进行计算的方法。

市盈率是某种股票每股市价与每股收益的比值。

DCF 法（现金流量贴现法）

DCF 法（Discollntecl Cash Flow Technique，现金流量贴现法）是最常用的企业估值方法，通过估计未来 5 年内的预期现金流量还原为当前现值。

但一般来说，5 年之后的情况是较难预测的，因此会根据实际情况分别做出“乐观”“中立”“悲观”等三种预案。在实际计算企业价值时，一般会将可比公司法、可比交易法和 DCF 法相结合，估计出一个大概的范围，由买卖双方协商后确定交易数额。最终的数额仍是根据经营情况进行判断。

此外，需要注意的是，如果前提条件发生变化，则得出的数值也会有较大变化。

后文中会对 DCF 法进行更为详尽的介绍。使用 DCF 法时，具体的步骤如下。

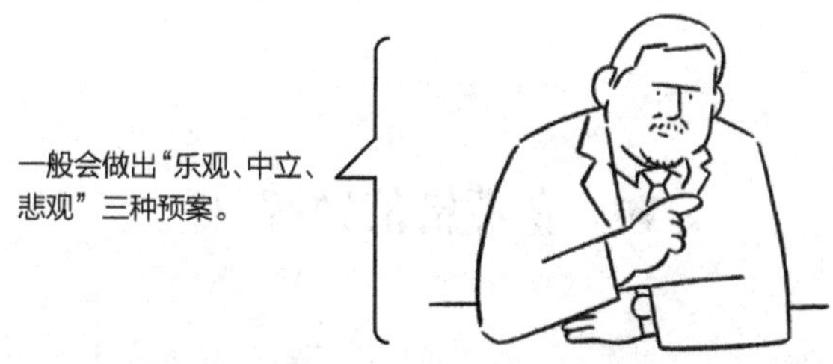

（1）预测未来的自由现金流。

（2）计算折现率即加权平均资本成本。

（3）将未来自由现金流量用加权平均资本成本贴现，计算企业价值。

如果评估对象是一家新兴企业，那么想要准确预测其在未来 5 年内的现金流量并非易事，但这种方法依然较为符合价值理论，能够较好地反映出企业价值。

DCF 法是企业价值评估时最为常用的方法。

可比交易法是指以相似公司在近几年发生的实际交易为参考基准，进行企业价值估算的方法。但一般来说不存在经营范围完全相同的两家公司。另外还需要注意，类似公司的某次交易可能带有当时的特殊背景及原因，希望大家正确对待，将此类方法仅做参考即可。

10　企业价值详解①

债权价值和股东价值

企业通常采用从金融机构融资、发行公司债券，以及从股东处获取自有资本等方式筹集资金。

企业用筹集到的资金从事经营活动以获取利润，债券的本金、利息要支付给债权人，股息及股价上涨产生的利润要支付给股东。

资产负债表的右侧（贷方）表示负债和所有者权益，左侧（借方）表示的是会计主体所拥有的资金的“去脉”（资金的用途、去向或存在形态）。

企业价值包括债权价值和股东价值。对于债权人来说，他们提供的融资及购买的公司债券是能够产生利润的有价值的资产。

同样，股东持有的股票是能够产生股息及涨价收益的资产。

所谓企业价值是指该企业对于投资人（股东和债权人）的价值

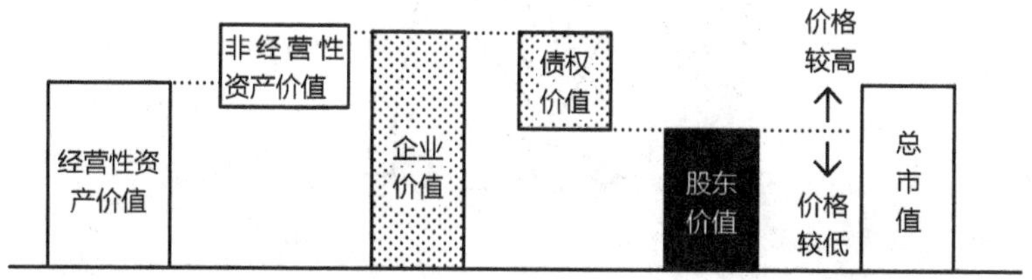

企业价值 = 经营性资产价值 + 非经营性资产价值 = 债权价值 + 股东价值
股东价值 = 企业价值 − 带息负债（债权价值）

股东价值是指每股的理论价格乘以发行总股数得出的理论数值。反过来，股东价值除以发行总股数，能够得出每股的理论价格。

上市公司的股价由市场决定。如果理论股价低于市场股价的话，说明该股票性价比较高，现时股价没有反应股票的正常价值，投资者应购买该类股票；作为企业来说，应通过 IR 网站对企业的经营状况进行适当展示以提升股价。

购买企业时，买方需要承担其股东价值及债务。

比如我们购买一栋公寓，首付2 000万日元，贷款3 000万日元，共计5 000万日元。购入之后马上将公寓出售，这时的出售价格不可能是首付的2 000万，而应是连贷款在内的5 000万日元。出售企业也是一样的道理。

11 企业价值详解②

经营性资产价值和非经营性资产价值

DCF法是以未来自由现金流量为基础计算企业价值的方法。企业内除了剩余现金、高尔夫球场会员费等经营性资产外，还包含非经营性资产。

计算企业价值时，首先计算经营性资产价值，然后再加上非经营性资产价值。也就是说，企业价值 = 经营性资产价值 + 非经营性资产价值。

计算企业价值时，要将企业未来5年内的预期现金流量还原为当前现值。“还原为现值”这句话较难理解，在此为大家再次解释一下。股东、银行等债权人将资金投资给企业，希望从企业获得高于银行利率的收益。我们把这种投资者在投资时期望获得的报酬率称为期望收益率。在前面的例子中，我们假设期望收益率是5%。

加权平均资本成本（Weighted Arerage Cost of Capital,WACC）是指企业以各种资本在企业全部资本中所占的比重为权数，对各种长期资金的资本成本加权平均计算出来的资本总成本。

$$WACC=\frac{D}{D+E}\times r_D\times(1-T)+\frac{E}{D+E}\times r_E$$

D：长期带息负债的市价。
E：股本的市价。
T：有效税率。
r_D：长期带息负债成本。
r_E：股本成本。

* 为了方便计算，一般默认所得税有效税率为40%

那实际的期望收益率是怎样算出来的呢？实际上，期望收益率是以资本资产定价模型理论为基础计算出的加权平均资本成本（WACC）。加权平均资本成本是指股本成本和债务成本根据股本和带息负债在资本结构中各自所占的权重计算的加权平均值。

大家可能会觉得有些难懂，可做以下理解：WACC是根据股东和债权人的期望收益率与股本和借款等负债在资本结构中所占权重的比率计算出的加权平均值。

因此，对于没有负债的企业来说，股东的期望收益率即加权平均资本成本。

请大家认真理解加权平均资本成本（WACC）的计算方法。

WACC 的计算方法

例：
- 带息负债额：30 亿日元。
- 股本市价总额：100 亿日元。
- 债务成本（负债利率）：4.5%。
- 股本成本（股东的期望收益率）：8.7%。
- 有效税率：40%。

那么，WACC 的计算结果如下。

$$WACC=\frac{30亿}{30亿+100亿}\times4.5\%\times（1-0.4）+\frac{100亿}{30亿+100亿}\times8.7\%=7.3\%$$

12 DCF法

可秒懂现值的计算方法

如果现在有一张债券，年投资收益率为 5%，购买此债券后每年可获得 100 万日元的收益，那么你可以接受的购买价格是多少？

之前已经介绍过何为现值，求债券价格时可以使用现值的相关计算方法。

不规定本金返还期限，可以无限期地按期取得利息的债券被称为永久债券。现在有一张永久债券，每年收益 100 万日元，折现率为 5%，则它的价格应该是多少？

上述两个问题表达的意思实际上是相同的。

答案是 100 万日元除以折现率 5%，也就是 100 万日元的 20 倍，即 2 000 万日元。也就是说，当这张永久债券价格在 2 000 万日元以下时，投资者会购买此债券。计算方法如下图公式所示，看起来略显复杂但实际计算起来并不难。

计算永久债券和增长型永久债券现值的方法

有一张永久债券，每年收益 100 万日元，折现率为 5%，则该债券的现值为多少？

$$PV=\frac{CF}{r}=\frac{100}{5\%}=2\,000\text{ 万日元}$$

若折现率为 5%，第一年收益 100 万日元，之后每年按 3% 的速度增长，则该债券的现值为多少？

$$PV=\frac{CF}{r-g}=\frac{100}{5\%-3\%}=5\,000\text{ 万日元}$$

有人可能会觉得如果每年都能有 100 万日元的收益，那这将会是一项很棒的投资，但实际上 100 年后的 100 万日元的现值接近于 0。

那么，如果第一年收益仍是 100 万日元，但之后每年的收益始终保持 3% 的增长率，折现率不变，这种永久债券的价格应是多少呢？

100 万日元除以 2%（5%–3%=2%），即乘以 50 倍，得出结果为 5 000 万日元。

上述计算虽然看起来有些复杂但实际非常简单，除数为折现率减去增长率的值。在这里，大家只需记住最后的公式即可，不需要探究中间过程。本节内容也可应用于不动产投资领域。

求永久债券的现值时，其除数为折现率 r。

虽说在现实生活中，交易会受到税收等其他因素的影响，但如果现在有一样物品，每年收益为 100 万日元，收益率能够达到 5% 以上，那它合理的价格应低于 2 000 万日元。换句话说，如果现在想要投资一栋房子，如果它的售价低于 2 000 万日元的话，一定要买下来。这种方法适用于多个投资领域，请大家一定牢牢掌握。

13　DCF法的计算步骤

第一步，计算自由现金流

DCF 法的计算步骤如下。

① 预测未来的自由现金流。

② 计算折现率即加权平均资本成本（WACC）。

③ 将未来自由现金流量用加权平均资本成本贴现，计算企业价值。

自由现金流量是指从经营活动产生的现金流量中扣除维持现有营运所需的资本支出及税金后的余额。此外，损益表中的数值与实际的现金流量值会有差异，因此在计算时需要进行修正。一般会从折旧费等费用开始修正，但也有可能修改那些看起来没有现金流量变化的款项。

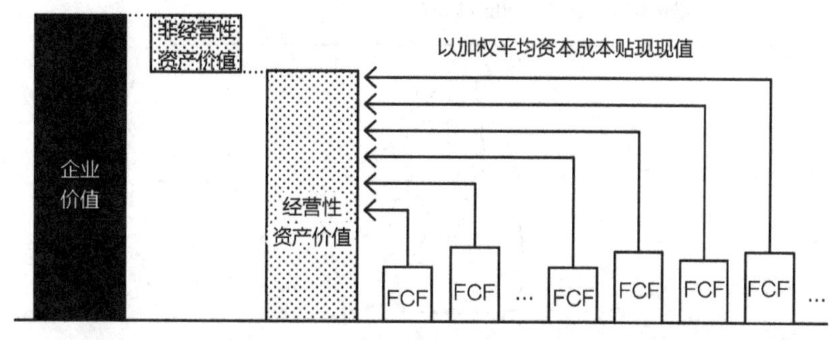

比如说，在购买大型设备时，会根据设备的使用年限，分多次以折旧的方式计算费用。但实际上，购买设备时并非分多次付款而是一次付清全款，所以账面上费用和实际现金流出是有差异的。

此外，还需要修正营运资本。例如，应收账款减少时，可以自由支配的现金会增多，也就是说自由现金流量会增加。所谓应收账款是指出售商品时，没有立即收到对方账款而采用赊账的方式售卖。也就是说，商品已经出售，但还未收到钱款。应收账款减少，也就意味着收到还款增多，现金增多。前面提到过预测自由现金流量只能预测未来 5 年左右，第 6 年及以后的现金流量统称为连续价值。

要点

为了更好地理解本节内容，本章中有 Excel 的相关例题，大家可以试着计算一下。

计算连续价值最简单的方法就是在预测时间段（通常为 5 年）结束后，将之后的现金流增长率设为一个固定值（一般为永久增长率）来计算。用第 6 年的现金流除以“折现率－永久增长率”，便可估算出连续价值。

14 CAPM（资本资产定价模型）（Capital Asset Pricing Moclel）

WACC的计算模型

诺贝尔经济学奖获得者威廉·夏普（William Sharpe）在他的著作中提出资产期望收益率的计算模型，即 CAPM（Capital Asset Pricing Model, 资本资产定价模型）。

企业通过筹集并有效地使用资金而获取利润，筹资成本即是 WACC（加权平均资本成本）。

如果企业没有负债，那么股东的期望收益率即为加权平均资本成本。因此，企业若想盈利，需将筹集的资金投入到收益高于筹资成本的项目中去。

无风险收益率是指把资金投资于一个没有任何风险的投资对象所能得到的收益率，通常把国债收益率当作无风险收益率。日本一般会使用 10 年期国债收益率作为无风险收益率。

加权平均资本成本（WACC）是指股本成本和债务成本根据股本和带息负债在资本结构中各自所占的权重计算的加权平均值。

CAPM 中的风险溢价表示的是预期市场收益率，是在历史数据的基础上得出的。由于股东承担了股价变动的风险，所以他们的期望收益率会高于无风险收益率，两种利率之间的差就是市场风险溢价。在日本，东证股价指数 TOPIX（Tokyo Price Index）的变动可准确反映日本股票市场的动向。在观测时期内股票的平均收益率与无风险收益率（10 年期国债）的差额即为市场风险溢价。

β 系数（贝塔系数），是一种风险指数，用来衡量个别股票相对于整个股市的价格波动情况。贝塔系数体现了特定资产的价格对整体经济波动的敏感性。

股本成本的计算公式

$rE=rF+\beta\ (rM - rF)$

rF：无风险收益率，英文全称为 Risk-free rate of return。
无风险收益率是指把资金投资于一个没有任何风险的投资对象所能得到的收益率。日本使用 10 年期国债收益率作为无风险收益率。

β：贝塔系数体现了特定资产的价格对整体经济波动的敏感性。

rM：市场的平均投资收益率。

例如，如果 β 为 1.4，则市场上涨 10%，股票上涨 14%；市场下滑 20%，股票相应下滑 28%。贝塔系数主要由彭博（Blomberg）、证券公司等金融机构提供。

通过资本资产定价模型可以得出，个别企业的股本成本即股东的期望收益率高于投资国债等的无风险收益率。

那么，期望收益率比无风险收益率高多少是较合理的呢？将市场收益率（日本通常采用 TOPIX）乘以 β 系数便可得知。若 β 系数为 1，表示该公司的风险收益率与市场波动相同。

如下图所示，CAPM（资本资产定价模型）可表示为一条直线，如果能知晓无风险收益率、市场风险溢价和 β 的值，则可以使用 Excel 电子表格来计算。

期望收益率与 β 系数的关系

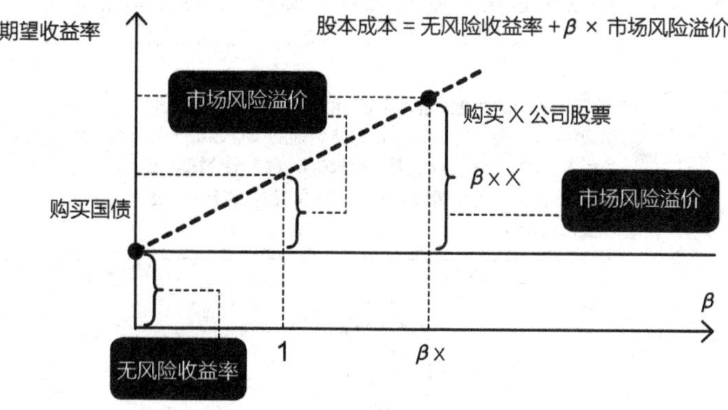

由于无法通过股票来判断未上市企业的价值，因此只能通过推算的方法估计未上市企业的价值。推算方法有多种，在这里先介绍一种从可比公司的比率进行推算的方法。

首先，选出三家与该未上市企业相似的上市企业，求出“相似企业的带息负债和总市值的平均比率”。该平均比率即为该未上市企业的比率。

上市企业的带息负债额会登记在有价证券报告书上，通过“Yahoo Finance”这个网站可以查询到上市企业的总市值。

此外，还需推算出未上市企业的 β 值。该 β 值也可以直接使用相似企业的平均 β 值。还可以通过相似企业的无杠杆的 β 值推算出未上市企业的 β 值。经营风险和财务风险是决定 β 值的两个重要因素。经营风险是指经营业务其特性所带有的风险，若相似企业与该未上市企业经营业务相同，则可以认为所含经营风险也大致相同。

财务风险是指由财务杠杆（带息负债和股本的构成比率）所引起的风险，即使经营业务相同的企业，其资本构成也存在差异。

希望读者朋友们能够掌握未上市企业 WACC 的计算方法！

无杠杆的贝塔系数是指资本完全由股本构成情况下的贝塔系数。包含经营风险和财务风险的贝塔系数被称为含杠杆的贝塔系数。通过计算相似的上市公司的贝塔系数，再进行比较和调整，可以间接得出未上市企业的贝塔系数。

［例 3-1］已知加权平均资本成本（WACC）为 10%，第 6 年之后的永久增长率为 1%，非经营性资产为 350 万日元，带息负债为 2 000 万日元，发行总股数为 500 000 股，并且预测的未来现金流为第 1 年 300 万日元，第 2 年 330 万日元，第 3 年 370 万日元，第 4 年 391 万日元，第 5 年 424 万日元。求每股的理论价值为多少？

将数据输入 Excel 表中求解

	1	2	3	4	5	6
自由现金流量	300	330	370	391	424	428

第 5 年的现金流量乘以（1+ 永久增长率）得出第 6 年的现金流量

现值	273	273	278	267	263	
					1 353	4 757
						2 954

持续经营价值 4 307

用 DCF 法求解企业价值的公式如下。

$$企业价值=\frac{第1年的自由现金流量}{1+WACC}+\cdots+\frac{第5年的自由现金流量}{(1+WACC)^5}+\frac{持续经营价值}{(1+WACC)^5}$$

这里算出的持续经营价值以 5 年为时间单位，且持续经营价值 = 第 6 年的自由现金流量 /（WACC- 自由现金流量的永久增长率）。

加上非经营性资产

非经营性资产价值	350

企业价值 = 用 DCF 法算出的企业价值 + 非经营性资产价值 =4657

企业价值 带息负债	DCF 法求解的企业价值 + 非经营性资产价值 4 307 2 000
股权价值	2 307
发行总股数 每股理论价值	500 000 4 615

综上，求解每股理论价值时，应按如下步骤进行。

① 求出前 5 年的现金流量现值。在 Excel 中用“^”可以做幂运算，即上述公式写入 Excel 时，*n* 次幂可用“^”代替次幂的表示，比如（1+WACC）^{5} 在 Excel 内可表达为（1+WACC）^5。

② 接着求持续经营价值，用第 6 年的现金流量除以（WACC- 永久增长率）得出连续价值。持续经营价值的测算也是以 5 年为时间单位。

③ 求出的企业价值加上非经营性资产价值减去带息负债求出股东价值。股东价值除以发行总股数得出每股的理论价值。

15　NPV法·IRR法·回收期法

投资人在投资判断时常用的三种方法

投资人将资金投向股票、不动产等各个领域时，是如何做出选择的呢？下面我们将介绍投资人常用的三种判断方法。在这里，我们仍会用到前几节学过的“现值”这一概念。

NPV 法（Net Present Value，净现值法）是从未来现金流的总现值中减去投资额算出净现值，然后根据净现值的大小来评价投资方案。此方法是根据实际数字进行判断。净现值为正值，则投资方案是可以接受的；净现值为负值，则投资方案是不可行的。计算 WACC 及预测现金流量时，精确度不同得出的净现值会有较大差异。

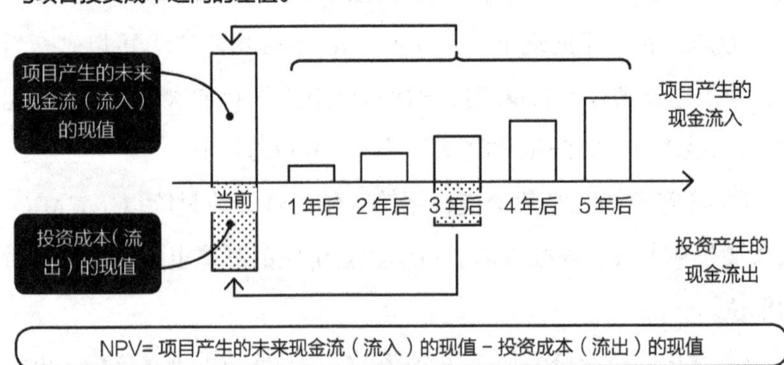

IRR 法（Internal Rate of Return，内部收益率法）是投资项目净现

值为零时的折现率。也就是说，NPV=0时的折现率r的值即为IRR（内部收益率）。投资前，需将期望收益率与同行业基准投资收益率进行对比，判断该项目是否值得投资。要选择内部收益率高于资本成本的项目进行投资。

回收期法是估计收回投资所需要的年限，通过将预计投资回收期与公司要求的回收期进行比较来确定项目是否可行。如果比要求的回收期短，则项目可行；如果比要求的回收期长，则项目不可行。例如，现在要投资350万日元，假设每年现金收益100万日元，投资回收年限为3.5年，如果公司要求的回收期为4年，则此项目可行。由于该方法简单易操作，许多中小企业会使用此方法进行投资判断。

要点
最近，越来越多的投资人喜欢使用IRR法进行投资判断。

IRR（内部收益率）为：NPV（净现值）等于0时的折现率。

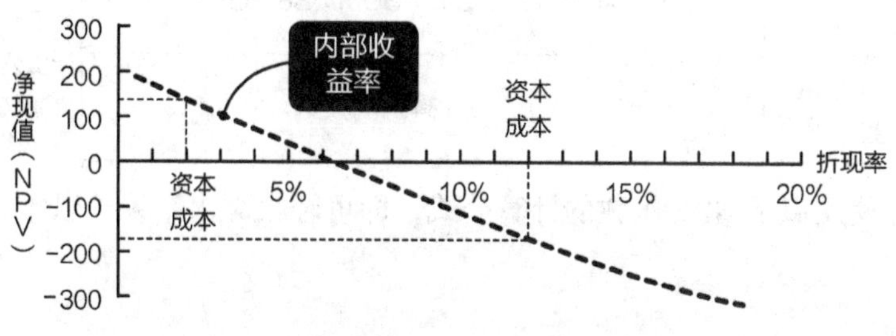

IRR的使用规则：若IRR＞资本成本，则进行投资；若IRR＜资本成本，则暂不投资。

［例3-2］假设你打算经营温泉。第1年的1月1日需投资1 200万日元，之后5年间，每年年末的现金流分别为100万日元、200万日元、300万日元、400万日元、500万日元。如果折现率为10%，是否应

该进行投资？如果折现率为 5% 的话，结果又如何呢？

将数据输入 Excel 表中求解

以下 Excel 表中，0 年度指第 1 年的 1 月 1 日；1 指第 1 年的 12 月 31 日。本处假设现金流发生在年末。如果以半年为计算单位的话，则为 0.5、1.0、1.5。如以季度为计算单位的话，将数字更换为 0.25、0.5、0.75 即可。

		B	C	D	E	F	G
5	年份	0	1	2	3	4	5
6	现金流量	−1 200.00	100.00	200.00	300.00	400.00	500.00
7	DF(折现系数)	1.00	0.91	0.83	0.75	0.68	0.62
8	现值	−1 200.00	90.91	165.29	225.39	273.21	310.46
9	净现值（NPV）	−134.74 NPV 公式 =SUM（B8：G8）					
10	NPV 函数	−134.74					

第 5 年的计算公式 =1/（1+B3）^G5

第 5 年的计算公式 =G6*G7

使用以下 NPV 函数的计算公式，即可轻松算出结果（以年为单位）。

$$NPV=\sum_{i=1}^{n} \frac{values_i}{(1+rate)}$$

使用 NPV 函数时，在 B10 中输入 =NPV（B3，C6：Z6）+B6。

另外，还需使用到以下计算式。

DF 折现系数 =1/(1+r)n（n 为年份）

上述 Excel 中，B3 为折现率 r。

使用 Excel 时需要注意的问题：在进行 NPV 函数计算时，假设未来现金流都发生在年末也就是 12 月 31 日。最初的现金流发生在第 1 年的期首，也就是元旦。这个值是固定的。因此，第 2 年到最后一年的值需用函数计算，再加上第 1 年期首的现金流即为计算结果。

使用 Excel 进行项目可行性计算的步骤如下。

步骤 1 输入折现率、年份、现金流。

步骤 2 在 B7 表格中输入 DF 折现系数，公式为 =1/（1+ ＄B ＄3）^B5（注：以上述 Excel 为例，实际工作中可灵活变更）。将该公式复制到右面的表格中可以计算各年份的折现系数。取幂的时候用符号“^”。在计算 5 的 5 次方时，算式应为 [=5^5]，即在 ^ 的后面 B5 表格内输入年份（即第几年）。由于折现率是一定的，所以在 Excel 里要设定成固定数值，选中 B3 表格，按下 [F4] 键进行设置即可。

步骤 3 现金流量乘以折现系数得出各年份的现值。在 B8 表格中输入 = “B6*B7”，然后将该公式复制到右面的表格中，便能够自动得出各年份的现值。

步骤 4 将步骤 3 求解出的 B8 到 G8 的值相加，得出净现值（NPV）。在计算时，可以选中 B9 并按下 Σ 按钮，将计算范围指定为 B8 到 G8 即可。

步骤 5 通过步骤 4 中得出的净现值来判断是否应该进行投资，如果数值为负数则应该放弃投资。如果项目的风险较高则相应地收益也会较高，即折现率也会偏高。如果折现率变高，未来的 100 万日元收益的现值会变小，也就是说 NPV 会变小。NPV=0 时的折现率即为内部收益率。如果折现率过高可能会错过一些投资机会，不过最终还是依靠经营者自身的判断。

步骤 6 折现率为 10% 的话计算结果为负值，折现率为 5% 时则为正值。因此，应选择折现率为 5% 时进行投资。

[例 3-3] 用 Excel 计算 IRR（内部收益率），求解下表中项目的 IRR。IRR 是净现值（NPV）为零时的折现率。

将数据输入 Excel 表中求解

在下列 Excel 表中，0 表示第 1 年的 1 月 1 日，1 表示第一年的 12 月 31 日。本例假设现金流量发生在年末。如果以季度为时间单位的话，则将数字更改为 0.25、0.5、0.75 即可。

已知第 1 年至第 5 年的现金流量，用 IRR 函数很容易计算出结果。

年份	0	1	2	3	4	5	
现金流	−1 000.00	150.00	200.00	250.00	300.00	300.00	IRR 8.71% ‘=IRR（B6：G6）

折现率为 5.71%，使用 NPV 函数验证一下，结果如下。

DF(折现系数)	1.00	0.95	0.89	0.85	0.80	0.76
现值	− 1 000.00	141.90	178.97	211.63	240.24	227.26
净现值(NPV)	0.00					
NPV 函数	0.00					
折现率	5.71%					

16 优化资本结构提升企业价值

何为MM理论

1958 年，美国的弗兰科·莫迪利安尼（Franco Modigliani）和默顿·米勒（Merton Miller）提出 MM 理论。该理论认为，在不考虑公司所得税，且企业经营风险相同而只有资本结构不同时，企业的资本结构与其市场价值无关。也就是说，即使负债、股本比率发生变动，企业价值也不会变化。

一般来说，股本资本成本高于负债资本成本。这主要是由于当企业破产清算时，相对于股东来说，债权人会优先获得资产清偿。因此，股东所获收益率（期望收益率）要高于债权人。此外，由于负债类筹资具有“节税效应”，所以企业的现金流量会增多。

当负债比率提高时，资本成本会下降，由于节税效应的影响，企业价值会相应提高。

通过出售债券、票据来筹措资金的方式称为债权融资，通过发行股票筹措资金的方式称为股权融资，又称权益融资。此外，企业还有两种筹集资金的方式，分别为兼具负债和股本特点的混合融资及由公司拥有的资产来驱动的资产融资。

但是当负债比率过高时，企业破产风险（财务风险）会增加，负债资本成本也会增多。对于受市场波动影响小的企业来说，负债比率可以高一些；而受市场波动影响大的企业则需要控制负债比率。为了降低经营风险，企业要将负债率控制在合理范围内。

啄食顺序理论是指企业筹资时，如果筹资成本不同，则应优先选择成本低的筹资手段。一般来说，会按照优先使用内部盈余，其次采用债权融资，最后为股权融资的顺序进行融资。

正确使用债权融资能提升企业价值。不过，也要注意防范经营风险。

近年来，日本一些企业为了进行企业并购，背负了巨额债款，但企业价值也相应地得以提高。

17　提升企业价值

提升企业价值的方法

在讲授 DCF 法时曾提到企业价值包括经营性资产价值和非经营性资产价值。因此，如果经营性资产价值和非经营性资产价值增加的话，那么企业价值也会相应地提升。此外，如果降低折现率，则未来现金流量的现值会有所增加。对于投资人来说，如果一项投资的风险较高，那对于该项目的期望收益率也会上升。因此，若想降低投资人的期望收益率，则需要向投资人解释该项目投资的低风险性。

计算经营性资产价值时，需要将未来自由现金流量的预测值进行折现，所以要想提高经营性资产价值，需要尽可能多地增加自由现金流。比如，可以通过增加营业利润、使用折旧等节税措施、减少营运资本（尽早收回赊销账款和减少库存）等方法来增加自由现金流量。不过，采用此类方法时一定要把握好分寸，过度削减库存会影响企业的正常经营。

在许多投资领域都能用到"现值"这一概念。EVA 是一种新型的价值分析工具和业绩评价指标。

从加权平均资本成本的计算中可以看出股权成本比债权成本要高（股东承担的风险高于债权人），所以可以通过适当地提高债权成本比率来降低折现率。不过，如果负债率过高的话，容易引起财务危机，所以也要把握好平衡。

对于非经营性资产价值来说，在无法获得高于期望收益率的利润时，可以通过增加投资收益、削减过度负债、发放股东红利及股票回购等方式增加非经营性资产价值。这种从资本收益中扣除资本成本来评价企业收益的方式称为经济增加值模型（Economic Value Added，简称 EVA）。EVA 是一种新型的价值分析工具和业绩评价指标，但依然存在一些问题。

EVA 是经济增加值模型的简称，由美国思腾思特（Stern Stewart）咨询公司开发。使用 EVA 进行投资判断也有一些局限性，例如过分重视企业在短期内提升自身价值而忽略了企业的长期发展、产品循环周期较快的企业没有及时进行投资等。较著名的例子就是索尼公司在开发新产品——显像管电视机时，由于采用 EVA 这一判断方法，做出“不投资”的经营判断而导致在新电视机领域落后于其他公司。

在提高企业价值方面，IR 网站也是不可或缺的一环。在操作时，要把握好各种方式之间的平衡。

测验

“企业价值评估”小测验
企业价值的计算方法

第 3 章中我们学习了计算企业价值的方法。一些计算方法虽然看起来比较复杂，但如果使用 Excel 表格进行计算，则难度并不高。

（1） ________ 决定上市公司的股票价格。某上市公司的股价乘以发行总股数可以得到该公司的 ________。

（2） 最经常使用的企业价值计算方法是 ________。

（3） ________ 是指公司（出资的股东及提供融资的债权人）可以自由使用的资金。

（4） 通过计算 ________ 的现值总和可以得到当前公司的价值。

（5） ________、________ 都是以资产负债表为基础来计算企业价值。

（6） ________ 是指挑选出与非上市公司经营业务、规模等相似的上市公司，以相似公司的财务数据和股价的比率为依据进行评价的方法。

（7） 通过估算未来 5 年内自由现金流量，并将其按照期望收益率折现，计算出当前价值的一种评估方法为 ________。

（8） 企业价值包括债权价值和 ________。

（9） 购买企业时，买方需要负担该企业的______及 ________。

（10） 企业价值等于 ________ 价值加上 ________ 价值。

（11） 期望收益率是以 ________ 理论为基础计算的加权平均资

本成本（又称：________）。

（12）________是指把资金投资于一个没有任何风险的投资对象所能得到的收益率，通常把国债收益率当做无风险收益率。

答案

（1） 市场决定上市公司的股票价格。某上市公司的股价乘以发行总股数可以得到该公司的市值。

（2） 最经常使用的企业价值计算方法是 DCF 法。

（3） 自由现金流是指公司（出资的股东及提供融资的债权人）可以自由使用的资金。

（4） 通过计算预“预期”的现值总和可以得到当前公司的价值。

（5） 资产法、市价资产法都是以资产负债表为基础来计算企业价值。

（6） 可比公司法是指挑选出与非上市公司经营业务、规模等相似的上市公司，以相似公司的财务数据和股价的比率为依据进行评价的方法。

（7） 通过估算未来 5 年内自由现金流量，并将其按照期望收益率折现，计算出当前价值的一种评估方法为 DCF 法。

（8） 企业价值包括债权价值和股东价值。

（9） 购买企业时，买方需要负担该企业的股东价值及债务。

（10） 企业价值等于经营性资产价值加上非经营性资产价值。

（11） 期望收益率是以 CAPM 理论为基础计算的加权平均资本成本（又称：WACC）。

（12） 无风险收益率是指把资金投资于一个没有任何风险的投资对象所能得到的收益率，通常把国债收益率当做无风险收益率。

第 4 章 金融工程学

Part 4

Financial Engineering

本章中，我们将一起学习金融工程学。

可能大家会觉得内容枯燥且难度较大，

但在实际操作中使用 Excel 的话，便没有那么复杂。

18　金融工程学

以规避风险、获取利润为目的的一门学问

许多人可能都有过为投资理财而购买金融商品的经历，而这个过程中实际上包含着许多金融工程学的知识。

首先，说到“风险”一词，我们通常用“风险”来指代危险，但“风险”在金融学中指未来收益不确定性的变动幅度。这个变动幅度多被称为波动率。风险不只意味着亏损，也包括盈利。也就是说，盈亏的变化幅度小，则投资的“风险低”；变化幅度大，则投资的“风险高”。金融工程学中有一个“布莱克－斯科尔斯公式”，是1973年美国的费希尔·布莱克（Fischer Black）和迈伦·斯科尔斯（Myron S.Scholes）基于日本数学家伊藤清的概率微分方程式理论所提出的金融衍生产品的定价理论。

金融工程学自20世纪50年代起在美国兴起，是一门通过数学计算方法（如概率和统计等方法）来规避风险获取高额利润的学问。

之后被罗伯特·默顿（Robert C. Merton）所验证，由此他和迈伦·斯科尔斯共同获得了 1997 年的诺贝尔经济学奖。

该理论的产生使金融衍生产品的价格计算方法得以简化，推动了金融工程学的发展。

美国长期资本管理公司（Long-Term Capital Manage ment，LTCM）主要从事美国对冲基金业务，但是在金融风暴中，即便其经营团队中有两名诺贝尔经济学奖获得者，也未幸免于难。该公司于 1998 年破产，给全球带来了巨大冲击。在此之后，由金融工程学衍生出的次级抵押住房贷款产品也成为了 2008 年雷曼危机这一世界性金融危机的导火索。由此，金融工程学给人们留下了这样一种强烈的印象——它既是一种规避风险的方法，也存在着极大的投机性。

在股票价格下降时，买入对应的对冲基金不失为一种获取利润的方法。这也是运用了金融工程学的相关知识。

据称早在日本古代的江户时期，在大阪、堂岛地区就出现了大米的期货交易，可以说从那时起，已经出现了金融工程学的萌芽。

19　金融衍生产品

主要用于规避风险的商品

Derivatives 一般被译为“金融衍生产品”或者“派生商品”。这种商品的出现是为了降低各种金融商品的风险，抑或是承担风险以追求投机性的收益。

此种商品也可以用来做套汇交易，其目的是通过买卖与市场价值相比价格高昂或偏低的金融商品来获取收益。

作为成本的金融商品称为“原生资产”。

金融衍生产品交易包括 3 种类型：（1）期货交易，以将来一定时期交割为条件签订某商品买卖合同的交易；（2）期权交易，在未来一定时期的权利的交易；（3）互换交易，交换将来一定时期内的利息的交易。

金融衍生产品的种类

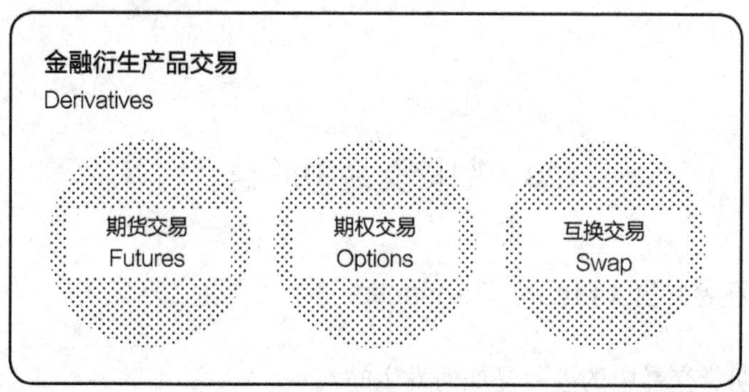

另外还有其他各种各样的组合产品，如期货期权、外汇交易等。

例如，在期货交易中，通过在现阶段提前约定好金融商品的交易价格，可以规避将来金融商品跌价的风险。另外，通过在现阶段提前约定好金融商品的交易价格,也可以规避将来金融商品涨价的风险。

这种排除将来不确定性的方法被称为套期保值，也叫对冲。因此即便将来价格未按预期发展，也不必担心价格的变动。从这一点来说，这种交易方式是买卖双方的定心丸。这与二者在未来的亏损或盈利无关，因此需要多加留意。

要点

通过用现阶段提前决定某种商品在未来某一时期的价格和交易方式可以规避风险，与二者在未来的亏损或盈利无关。

金融衍生商品可以规避风险或进行投机交易。

20　期货交易中的盈亏

期货交易（Future Transaction）

期货交易中的盈亏是如何发生的?

先假设有以下两种前提情况。一种是“在期货交易中，买方在约定日期按约定购买商品，并立即将该商品放到市场上出售”。另一种是“在期货交易中，卖方为了在约定日期按约定出售商品，而从市场购入该商品”。这种情况下的盈亏，就是在约定日期当天，该商品的市场价格与当初约定价格的差额。

在期货交易中，如果在期满时商品的市场价格（假设100万日元）高于当初约定的价格（假设80万日元），买方以80万日元的价格购买之后立即投放到市场中以100万日元的价格出售，就能获得20万日元的利益。反之，如果市场价格下跌至60万日元，就会亏损20万日元。

在期货交易中，如果到期日的市场价格（假设60万日元）低于约定价格（假设80万日元），卖方可以从市场以更低的价格（60万日元）买入再卖出，则差额（20万日元）成为其盈利。反之，如果市场价格上涨的话，就会出现亏损。

将期货交易的盈亏制成图表，一般称为收益图（Payoff Diagram），如图所示。右上的线表示期货买方的盈亏，右下的线表示卖方的盈亏。

期货交易收益图

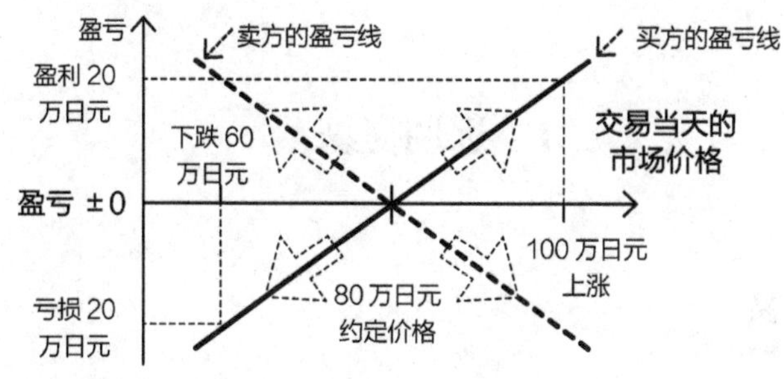

买方盈亏
交易当天的市场价格 > 约定价格⇒盈利
交易当天的市场价格 < 约定价格⇒亏损

卖方盈亏
交易当天的市场价格 > 约定价格⇒亏损
交易当天的市场价格 < 约定价格⇒盈利

由于期货交易是在交易所进行的上市交易，因此交易合约都已经标准化，主要有“在交割日期前可以转卖或空头补进，交割时只进行差额结算”及“用户缴纳保证金，交易所负责确保交易的顺利进行”等规则。

由于期货交易风险较大，因此在交易时需要谨慎对待。

期货交易有以下几种：外汇期货（交易双方在未来某一时间，依据现在约定的汇率，以一种货币交换另一种货币的交易），商品期货（贵重金属如金、白金等，以及粮食，如小麦、大豆等商品的市价交易），双重货币债券（以不同的货币计价发行、支付利息、偿还本金债券，即以一种货币付利息，另一种货币偿还本金的债券）等。

21　远期交易

远期交易

远期交易是指买卖双方签订远期合同，规定在未来某一时期进行交易的一种交易方式。从提前约好交易的商品和价格这一点来讲，远期交易与期货交易是相同的。不过，与期货交易不同的是，远期交易是一种场外交易，在英语中被称为“Forward Transaction”。

远期交易以现货结算为原则，为了保证现货商品的顺利交付，需要所有的本金。

因此，期货交易能够产生“以小博大（以较少的资金进行较大交易）的杠杆效应”，而远期交易不能。

另外，由于远期交易是一种场外交易，交易双方可以私下协商达成非标准化合约，所以具有较高的信用风险。远期交易对于需要特殊交易的投资人是积极的，但不足之处是远期交易无法转让。因此，在合约到期之前进行反向交易时找不到交易对象的情况时有发生，缺乏流动性。

期货交易和远期交易对照表

不同点	期货交易	远期交易
交易场所	交易所	场外市场
交易条件	标准化	自由
到期日前的结算	可通过转卖、空头补进的形式	困难
市场流动性	强	弱
保证金	需要	不需要
信用风险	低	高
结算方法	差额结算	现货交割
交易必需的资金	百分之几的资金	全款交易（100%）

由于信用风险较高，所以远期交易需不需要保证金由交易双方确定，无统一性。

需要特别注意的是，即便在场外交易中，也存在像远期利率协议

（Forward Rate Agreement）和远期外汇协议（Foreign Exchange Forward Transaction）一样进行差额结算的商品。在金融商品结算标准中，只有以差额结算为预期结算方式的物品才会被认为是金融衍生产品。

因此，进行差额结算的远期交易是金融衍生产品，进行现货结算的远期交易不是金融衍生产品。在这一标准下，大部分远期交易都是以现货结算作为交易条件，所以一般都不是金融衍生产品。

希望读者朋友能够正确把握其分类，更重要的是了解其存在的风险。

远期交易是Forward Transaction，期货交易是Future Transaction，二者较易混淆，请大家牢记。

期货交易、远期交易中的基本用语

结算交割
在期满日（交货期），按照约定的价格进行原生资产交割的结算方法。

期满日·交货期
指交货结算日。在期满之前如果进行反向交易，则交易终止，不进行交割（在交易所进行期货交易时的特有制度）。

反向交易
指交易者在期货市场上的同一个交易日内进行的与期初买入（或卖出）的期货合约在品种、数量、交割日期都完全相同但方向相反的操作。

差额结算
通过买入价与售出价的差额进行交付结算的方法。

保证金制度
在进行期货交易和期权交易（包括看涨期权、看跌期权）时需要缴纳保证金。

22 互换交易

贷款时由固定利率转换为浮动利率

互换交易中的利率互换是指双方以同种货币为基础，交换不同种类的利率的行为。

例如，从银行贷款时的贷款利率有固定利率和浮动利率两种。以固定利率借款的情况下，即便将来利率下降也必须继续支付高额利息。反过来说，如果将来利率上涨，则仍然按照最初的利率支付。固定利率借款的优点是能够事先确定将来需要支付的利率。

在以浮动利率贷款的情况下，利率可能会大幅浮动，因此将来支付的利率存在不确定性。通过使用利率互换可以解决这一问题，因为这种方式能够将贷款时的浮动利率贷款转换为固定利率，或将固定利率转换为浮动利率。

例如，假设A公司从X银行以浮动利率贷到一笔款项，由于预测今后利率将会上涨，希望换为固定利率；B公司从Y银行以固定利率借入一笔款项，由于预测今后利率将会下降，希望换为浮动利率。那么A公司和B公司就可以签订利率互换合同，由B公司来支付A公司的固定利率，由A公司来支付B公司的浮动利率。这样一来，A公司向X银行支付的浮动利率和从B公司处收到的浮动利率相抵消，A公司实际负担的利息变为应向B公司支付的固定利率。

也就是说，预测今后利率会上涨的A公司通过利率互换将浮动利率变更为固定利率。同理，B 公司也将固定利率变更为浮动利率。

A 公司最终需要负担的利率为固定利率。

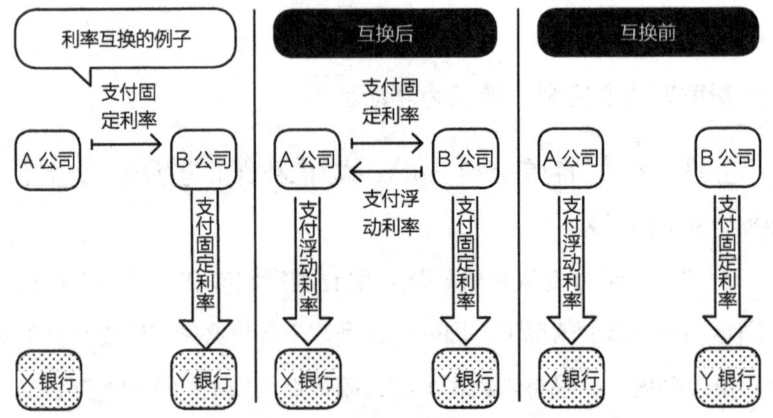

要点

Swap 是“交换”的意思，利率互换就是交换将来会产生的利率，是互换交易的其中一种。

例如，互换交易中的利率互换可以将大家的贷款利率从浮动利率变更为固定利率，或反过来将固定利率变更为浮动利率。通过这种方法，可以有效规避利率浮动风险。

23 货币互换

将美元支付变更为日元支付

“货币互换”是指交易双方约定在未来某个时间、互换不同货币之间现金流的交易行为。

例如，以美元为结算货币来进口商品的贸易公司，经常会面临汇率变动的风险。在日本，如果日元持续贬值，意味着日元价值下降，同等预算的日元资金无法再进口相同的商品。为规避这种外汇风险，通常采取以下方法：若为 1 年以内的短期交易，可以使用外汇合约的方法；若为中长期的交易，则可以通过货币互换事先确定进口交易的利润。

如下图所示，可以与银行进行场外交易，将美元支付转换为日元支付。这种交易方式对于出口企业也同样适用。

货币互换的例子（以进口企业为例）

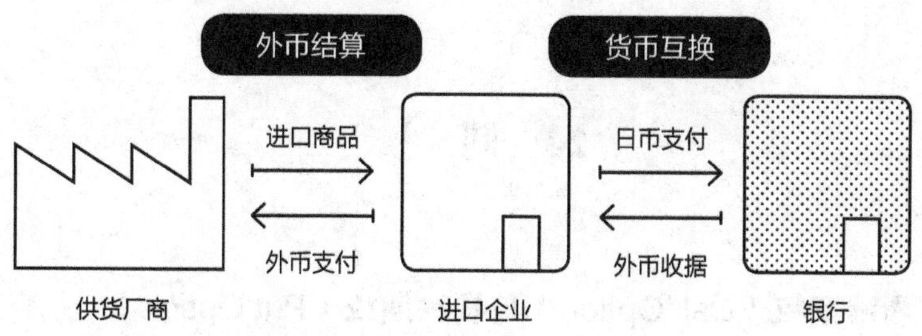

通常交易开始时或交易结束时还会交换本金，但是，在货币互

换中不交换本金只交换利率部分（息票利率）的情况，通常称为“息票互换”（Coupon Swap）。货币互换与利率互换是一种场外交易，即不通过交易所而在当事人之间直接进行，因此当事人之间可以自由约定交换期限及条件等。

各国的中央银行之间也签订了“货币互换协议”，即当本国发生货币危机时，可以按照事先约定好的汇率，将协约国的货币用于周转本国货币的储蓄和支付，因此该协议被称为“货币互换协议”。

交易完成1年后方可进行货币互换。

对开展进出口贸易的企业而言，频繁浮动的汇率给经营带来巨大的风险。货币互换则是一种有效的规避风险的手段。

24 期　权

看涨期权（Call Option）与看跌期权（Put Option）

期权是指在未来一定时期内可以买卖的权利，即以事先约定的价格（执行价格）购买或出售某一金融商品（原生资产）的权利。为购买这一权利需要缴纳一种叫作“溢价”的保险费用。

期权的买方，只在获利时行使其权利，亏损时只要放弃使用权利即可。需要注意的是期权的卖方需要履行义务。

看涨期权

比如，你想购买某一商品，但预计其价格在未来会有所上涨，这时可以提前购买看涨期权。

看涨期权与看跌期权

	买方	卖方
看涨期权 以事先约定好的价格，在到期日或到期日之前购入资产的权利	购入资产的权利	售出资产的义务
看跌期权 以事先约定好的价格，在到期日或到期日之前售出资产的权利	售出资产的权利	购入资产的义务

假设该商品的价格在未来高于事先设定的执行价格时，可以通过行使权利，以低于市场价格的执行价格购买该商品。反过来，如果市场价格低于执行价格，放弃使用权利即可，因为市场价格比执行价格更低。所以，说到底期权就是一种权利的买卖。

看跌期权

看跌期权指以事先约定好的执行价格出售商品的权利。你计划将来售出某商品，但预测将来价格可能会下降，这时你可以提前购买看跌期权。如果将来的市场价格低于执行价格的话，可以通过行使权利，以高于市场的价格出售。反过来，如果买卖时的市场价格高于执行价格的话，则放弃行使该权利即可。

以事先决定好的价格购买商品的权利是看涨期权，出售商品的权利则是看跌期权。

期权分为两种，其中，欧式期权只能在期权到期日当天行使 1 次权利，而美式期权在到期日之前可以随时行使权利。看涨期权的英文为 Call Option，其中，Call 是叫过来的意思所以指购买权利看跌期权的英文为 Put Option，其中，Put是留给对方的意思所以指出售权利。

25　期权交易中的盈亏

期权“卖方”的亏损风险无限大

期权“买方”的最大亏损风险仅限于溢价部分。因为期权买方通过支付期权溢价购入期权后，若发现行使权力无法盈利后只需放弃行使该权利即可。

而期权“卖方”的亏损风险则为无限大。因为在收取溢价之后，对买方的义务也生效了。因此，买方在行使权利时卖方需要履行义务。这时卖方的亏损风险可能会非常大。

为此，在期权交易中，无论是看涨期权还是看跌期权，因为买方的损失有限，所以没有必要缴纳保证金。不过，对于卖方而言，与期货交易相同，在交易之初都需要缴纳保证金。

无论是看涨期权还是看跌期权，
卖方的损失风险都很大。

根据期权盈亏制成的图表称为“收益图”。接下来我们通过具体的事例来进一步了解期权交易中的盈亏。

看涨期权的相关实例

A 现在持有 800 日元 X 公司的股票（原生资产），预测将来价格可能会上涨。而 B 预测这只股票将来的上涨幅度不会很大。于是，A 与 B 签订合约，约定 A 以 1 000 日元的执行价格从 B 处购买看涨期权，同时 A 向 B 支付了 100 日元溢价。之后在到期日当天，这只股票的市场价格变为 1 200 日元。此时 A 应该怎样做呢？

A 持有以 1 000 日元从 B 处购买 1 200 日元股票的权利，所以 A

应该行使该权利。于是，B 不得不以 1 000 日元的价格将股票卖给 A。A 可以将这支从 B 处购买的股票在市场上以 1 200 日元的价格出售，由此获得 200 日元的利润。

若读者朋友们想要更加透彻地理解期权，不妨一边对照收益表一边思考具体事例。这是最简单快捷的方法。

从中减去之前支付的溢价（100 日元）还剩 100 日元的利润。这就是 A 购买的看涨期权的利润。如果股票价格上涨至 2 000 日元，则 A 的利润将会扩大至 900 日元。

另一方面，如果事实与 A 的预测相反，股票价格下跌至 950 日元时应该怎么办呢？在这种情况下，由于市场价格低于执行价格（1 000 日元），A 不会获利，因此 A 可以选择放弃行使其权利。

这种情况下就亏损了最初支付的 100 日元溢价，不过 A 的损失只有这些而已。当然，在实际交易过程中也会有手续费等费用，在此忽略不计。

另一方面，作为看涨期权的卖方，B 的盈亏情况正相反。由于已经售出权利，因此必须履行义务。也就是说必须以 1 200 日元的市场价格筹集股票，将其以 1 000 日元的执行价格卖给 A，产生 200 日元的反向差价。由于之前已经收取了 100 日元溢价，因此 B 的盈亏情况是亏损了 100 日元。

假设股票价格变为 2 000 日元，则 B 会亏损 900 日元。

看涨期权收益图（以执行价格为 1 000 日元，溢价为 100 日元时为例）

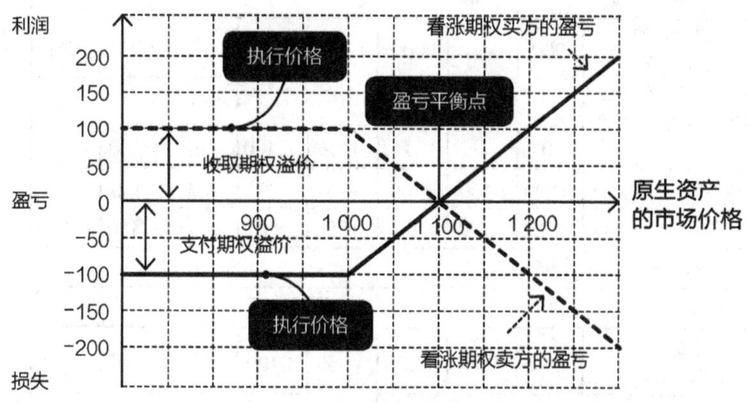

出处：根据日本银行广报中央委员会所绘图表制成

A 和 B 的盈亏情况正相反，而且 B 的亏损风险随股票市场价格的不断上涨而无限变大。这是非常恐怖的。

如果股票市场价格变为 950 日元，即低于执行价格（1 000 日元）的情况下，由于 A 放弃行使权利，此时 B 不需要做什么，最初收取的 100 日元溢价就自动成为利润。

看跌期权的相关实例

接下来假设 A 购买的另一家 Y 公司股票（原生资产）的市场价格现在是 1 200 日元，预测将来它的价格会下跌。另一方面假设 B 预测这支股票将来的价格可能会上涨。于是，A 和 B 签订合约，约定 A 支付 100 日元溢价从 B 处购买看跌期权（执行价格 1 000 日元）。如果在到期日当天这支股票的市场价格下跌至 750 日元，会怎么样呢？

通常情况下，A 会行使权利——以 1 000 日元的执行价格将 Y 公司的股票卖给B。

看涨期权买方·卖方的盈亏

以1 000日元执行价格购买的权利

买方的盈亏								
原生资产的市场价格	900	950	1 000	1 050	1 100	1 150	1 200	1 250
通过行使权利或放弃权利带来的盈亏（a）	放弃权利			行使权利				
	0	0	0	+ 50	+ 100	+ 150	+ 200	+ 250
支付溢价（b）	-100	-100	-100	-100	-100	-100	-100	-100
最终盈亏（a）+（b）	-100	-100	-100	-50	±0	+ 50	+ 100	+ 150

以1 000日元执行价格出售的义务

卖方的盈亏								
原生资产的市场价格	900	950	1 000	1 050	1 100	1 150	1 200	1 250
通过对方行使权利或放弃权利带来的盈亏（a）	被放弃权利			被行使权利				
	0	0	0	-50	-100	-150	-200	-250
收取溢价（b）	+ 100	+ 100	+ 100	+ 100	+ 100	+ 100	+ 100	+ 100
最终盈亏（a）+（b）	+ 100	+ 100	+ 100	+ 50	±0	-50	-100	-150

为此A在市场中将Y公司的股票以750日元的价格购入，通过卖给B获得250日元的利润。去掉最初支付的100日元溢价，最终获利150日元。如果Y公司的股票价格下跌至500日元，则获利400日元，也就是说Y公司的股票价格越低则A获利越多。

另一方面，如果在到期日当天Y公司的股票价格上涨至1 100日元的话又会如何呢？这种情况下肯定会产生反向差价，所以A当然要放弃行使期权权利。此时的盈亏情况是，A只亏损了最初支付的溢价（100日元）。

那么，作为期权卖方，B的盈亏情况如何呢？与A的情况正好相反。

如果在到期日当天Y公司的股票价格为750日元，低于执行价格（1 000日元），由于A会行使看跌期权即出售权利，B就不得不履行义务。

也就是说，B不得不以1100日元的价格从A处购买Y股票，然后在市场上以750日元的价格卖掉。如此一来，B的盈亏情况是，由最初的350日元亏损去掉事先收取的100日元溢价之后，最终亏损250日元。

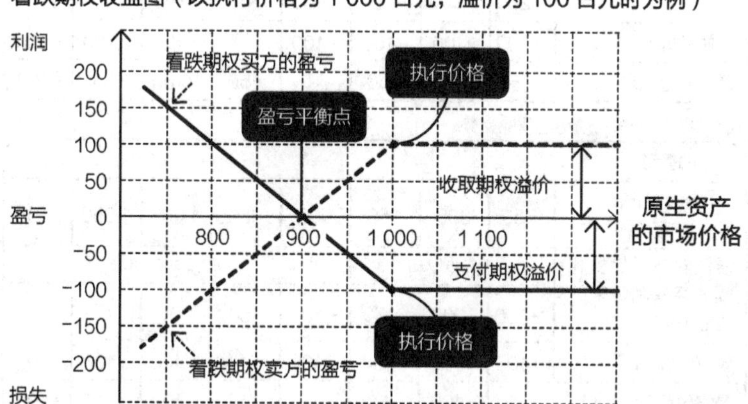

可怕的是，随着Y公司的股票价格越低，B的损失会越来越大。若Y公司破产，B的损失可扩大至1 000日元。

如果Y公司的股票价格在到期日当天为1 100日元，高于执行价格（1 000日元）的话，由于A放弃以1 000日元价格出售的权利，所以B最初收取的100日元溢价自动成为利润。所以说，期权交易中卖方与买方的损失在收益图中是完全相反的。

要点

虽然期权卖方的损失风险有无限大，但买方的损失则在可控范围内。

看跌期权中买方与卖方的盈亏

以 1 000 日元执行价格购买的权利

买方的盈亏								
原生资产的市场价格	750	800	850	900	950	1 000	1 050	1 100
通过行使权利或放弃权利带来的盈亏（a）	行使权利			放弃权利				
	+250	+200	+150	+100	+50	0	0	0
支付溢价（b）	−100	−100	−100	−100	−100	−100	−100	−100
最终盈亏（a）+（b）	+150	+100	+50	±0	−50	−100	−100	−100

以 1 000 日元执行价格出售的义务

卖方的盈亏								
原生资产的市场价格	750	800	850	900	950	1 000	1 050	1 100
通过对方行使权利或放弃权利带来的盈亏（a）	被行使权利			被放弃权利				
	−250	−200	−150	−100	−50	0	0	0
收取溢价（b）	+100	+100	+100	+100	+100	+100	+100	+100
最终盈亏（a）+（b）	−150	−100	−50	±0	+50	+100	+100	+100

出处：根据日本银行广报中央委员会所绘图表制成

26 期权定价模型

期权的价格计算公式

此处所称其权定价模型特指 Black-scholes 期权定价模型（Black-Scholes Option Pricing Model），其计算公式非常复杂，要想完全理解其内涵须有较高的数学造诣，但大体理解此模型并不难。如果只是用于实际操作，那么用 Excel 软件就可以轻松完成。

如果非常粗略地、直观地加以说明的话，可以认为“期权价值是指到期日（执行日）的股票价格减去现在的股票价格之后的现值”。原本期权价格就是根据到期日的价格与签订期权合同时的价格差来计算的。

（期权定价模型）是计算期权价格的公式。它于 1973 年由美国的费雪·布莱克（Fischer Black）和迈伦·斯克尔斯（Myron Scholes）共同提出，后被罗伯特·默顿（Robert C. Merton）证实。

例如，某股票的市场价格为 100 日元，但你认为 1 年后将涨到 150 日元。所以，认为有利可图的你想现在支付保证金购买看涨期权。其中，溢价价格取决于 1 年后股票价格涨为 150 日元的可能性。假设 100% 确定 1 年后会涨到 150 日元，则必须支付 150 日元与现在的价格差，即现价 50 日元，才会与对方达成协议。

期权定权模型可以在期满日之前计算期权价格。由于计算所需的数据可以在市场中轻松获得，而且计算可由 Excel 代劳，因此该模型的应用范围极为广泛。该模型一般用来计算欧式期权（仅限到期日当天可行使权利的期权），并且不考虑股息，所以得出的结果只是理论上的期权价格。通过后人的不断改进，期权定价模型的应用范围被扩大，出现了通用性期权定价模型。

要点

可以在 Excel 表格中使用期权定价模型计算期权价格。具体操作方法请参照下一页。

期权定价模型

$$C=P\cdot N(d_1)-Xe^{-rt}N(d_2)$$

期权定价模型的组成元素如下。

（1）原生资产价格（P）。

（2）执行价格（X）。

（3）货币的现值（折现率：r）。

（4）距离期满日的时间（t）。

（5）资产收益率的波动性。

（收益率的标准偏差：σ）。

另外，期权定价模型中，d_1 的可通过如下公式计算得到。

$$d_1=\frac{\ln(p/x)+(r+\sigma^2/2)t}{\sigma\sqrt{t}}$$

在 Excel 中使用期权定价模型计算期权价格。假设原生资产价格为 35 美元，执行价格为 40 美元，现值（无风险利率）为 10%，原生资产的波动率（风险）为 20%，求距离行使权利日还有 200 天时的看涨溢价。

将数据输入 Excel 计算答案

	B	C		
7	P	35		
8	x	40		
9	r	10%		
10	t	0.54795	365	200
11	*α*	20%		

13	d1		−0.4578
14	d2		−0.6059
15			
16	N（d1）		0.3235
17	N（d2）		0.2723
18			
19	Call	Pr’	1.01

解答

上述数据的计算顺序如下。

①输入 P、x、r、t、σ 的具体数值。

②求出 d_1 的值。公式为 d_1=（LN（P/x）+（r+0.5*σ ^2）*t）/（σ

*SQRT(t))。对应 Excel 中的计算公式为 d_1=(LN(B3/B4)+(B5+0.5*B7^2) *B6) / (B7*SQRT (B6))

③ 求出 d_2 的值。公式为 d_2=d1−SQRT(t)*σ。对应 Excel 中的计算公式为 =B9−SQRT (B6) *B7。

④ 求 N（d_1）和 N（d_2）的值。

=NORMSDIST (B9)

在求完 NORMDIST 之后计算 d_1 和 d_2

=NORMSDIST (B10)

⑤ 求 C 的值。

权利行使日价格的现价和现在的原生资产价格差的计算公式如上页所示，对应 Excel 中的计算公式如下。

=B3*B12−B4*EXP (−B5*B6) *B13

通过以上计算得出看涨溢价为 1.01。可以尝试改变时间等变量，多做几次相关练习。

原生资产价格

执行价格

无风险利率

距离期满日的时间（以年为单位）

原生资产波动率（标准偏差）

本数据来源于彭博新闻社等机构

d_1 的计算公式

=（LN（P/x）+（r+0.5*σ^2）*t）/（σ*SQRT（t））

将 d_1 的计算公式按字段表示

=（LN（B3/B4）+（B5+0.5*B7^2）*B6）/（B7*SQRT（B6））

将 d_2 的计算公式按字段表示 =B9–SQRT（B6）*B7

d_2 的计算公式 =d1–SQRT（t）*σ

=NORMSDIST（B9）

=NORMSDIST（B10）

=B3*B12–B4*EXP（–B5*B6）*B13

$$d_1 = \frac{Ln(P/X) + (r+\sigma^2/2)t}{\sigma\sqrt{t}}$$

Black–Scholes 期权定价模型

$$C = P[N(d_1)] - Xe^{-rt}[N(d_2)]$$

27 风险价值

风险价值指某一金融资产或证券组合的最大可能损失

风险价值（Value at Risk，VaR）是市场风险的管理方法之一。通过统计学方法，可以计算出现有的资产在一定概率范围（置信区间）内，根据市场的变动可能发生的最大损失。

例如，计算一定期限（持有期限）内的盈亏，就要考虑“通常可能会发生的盈亏范围（置信区间）”，将其中的最大损失进行量化。置信区间的思维方式是设定一个“较为理想的状态至 ××%”。

假设你现在所持有的资产的证券组合（资产组合）在 1 天内发生的盈亏是以下 5 个数值中的其中一个，每一数值的概率都为 1/5。并且假设这一数值分别为为 –4、–2、0、+2、+4。

1 天内资产价格变动的概率密度函数

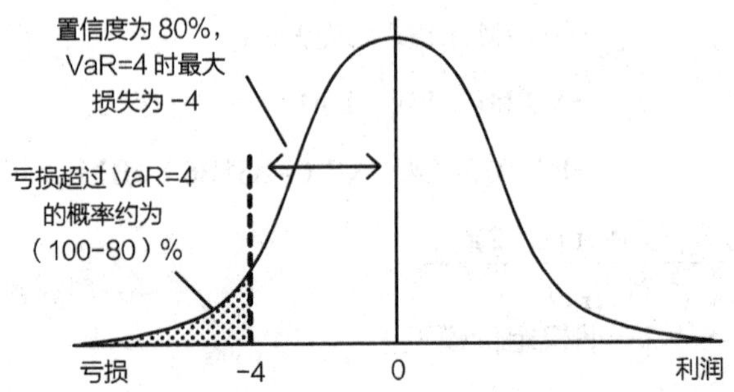
置信度为 80%，
VaR=4 时最大
损失为 -4
亏损超过 VaR=4
的概率约为
（100-80）%
亏损
-4
0
利润

此时，“持有期限 1 日，置信度 80%”的 VaR 为 -4。

经营者通过 VaR 了解到自己的资产最大可缩水至何种程度，为避免最坏事态的发生而采取相应对策，如重新配置投资组合的比例、提高自有资本的比重等。

不过，虽然 VaR 以过去的波动性数据为计算依据，但并未将类似于雷曼事件的异常风险考虑在内。这一点需要经营者们格外留意。

在 1993 年公布的第 2 次 BIS（Bank for International Settlements，国际清算银行）管制中，VaR 作为一种金融市场中的风险管理手法得到推广，在日本的金融机构中尤为普遍，在各大型企业中也有较高的使用率。

要点

请注意，VaR 无法应对雷曼事件等异常风险情况。

BIS 管制（Bank for International Settlements）是指有关金融机构的资产中自有资产的比率必须维持在一定标准以上的规定，即为了应对银行贷款的坏账风险，强制银行充实自有资本。该规定由巴塞尔银行监管委员会制定。

28　实物期权

将金融期权理论应用于实物资产

实物期权指将迄今为止所学到的期权价格决定理论应用于实物资产（现实）中，评估项目、房地产等投资价值的策略。

在项目风险较大的情况下，首先应该进行部分投资之后再进行阶段性投资，而不是经过慎重考虑反复修改计划之后一次性进行大型投资。

对投资的评估方法有 NPV（Netpresort Value，净玩值）法、（Infonation Resonrce，信息资源元库）IRR 法等。这些都是现值评估法。实际上，企业可以随环境和时间变化及时灵活处理，从而使企业获得更高收益并降低风险。

例如，如果想建一栋公寓，不会一上来就花费数年时间建设，而是首先购买土地，综合考虑经济状况之后灵活决定具体的公寓规模和施工方法，或者考虑同时设立店铺，甚至撤资等，这样的评估质量较高。

这种情况下，应当将土地这一投资对象作为原生资产，投资金额作为执行价格，以投资的延期、追加投资、撤资等作为期权进行综合评估。

实物期权同样适用于以下情况。新产品上市时，不会突然在全国范围内展开发售，而是先在某一地区进行试销之后再作出判断。

实物期权同样适用贸易，自 20 世纪 90 年代起该评估方法被广泛应用于石油、矿业、医药品等行业。

不应只凭借数字进行判断，还应与企业的经营战略等定性评价指标结合起来进行探讨。这一点非常重要。

值得注意的是，实物期权也有一些弊端，例如在 IRR 法中有些门类的数据是不在计算之列的，但如果按照实物期权的测算方式，这些数据容易被当成既成事实，从而影响测算结果。

测验

“金融工程学”小测验
本章内容虽然难度较高，但实践性很强

第 4 章我们学习了金融工程学。近年来越来越多的人为了投资理财而购买金融产品，这其中包含了许多金融工程学的知识。虽然金融工程学中的术语、知识点等较难理解，但它的重要性却与日俱增。接下来，让我们一起来温习学过的内容吧。

(1) 金融世界中的风险，指未来________的不确定性，即变动幅度。

(2) 在金融界，变动幅度多被称为________。

(3) ________公式，是 1973 年美国的费希尔·布莱克和迈伦·斯克尔斯基于伊藤清的概率微积分方程式共同提出的金融衍生产品的定价理论。

(4) Derivatives 一般译为________或________。

(5) 降低金融商品风险的行为被称为________，甘于承担风险追求投机性收益的交易行为被称为________。

(6) ________是指以将来一定时期交割为条件签订某商品买卖合同的交易。

(7) 规避风险、排除将来不确定性的交易行为被称为________，也叫________。

(8) ________在店头进行的相对交易，英语中称为“Forward Transaction”。

（9） 场外交易中，有类似于FRA（________）和FXA（________）的进行差额结算的商品。

（10） ________是指在同种货币之间进行的不同类型利息交换的交易行为。

（11） ________是指交易双方约定在未来某个时间互换不同货币之间现金流的交易行为。

（12） ________是指以提前决定的价格（执行价格）购买或出售某一金融商品（原生资产）的权利的交易。有________和________两种类型。

答案

（1） 金融界中所谓的风险，指未来回报（收益）的不确定性，即变动幅度。

（2） 在金融界，变动幅度多被称为波动率。

（3） 期权定价模型（B&S Model，Black-Scholes Model），是 1973 年美国的费希尔・布莱克和迈伦・斯克尔斯基于伊藤清的概率微积分方程式共同提出的金融衍生产品的定价理论。

（4） Derivatives 一般译为金融衍生产品或派生商品。

（5） 降低金融商品风险的行为被称为规避风险，甘于承担风险追求投机性收益的交易行为被称为投机。

（6） 期货交易是指以将来一定时期交割为条件签订某商品买卖合同的交易。

（7） 规避风险、排除将来不确定性的交易行为被称为套期保值，也叫对冲。

（8） 远期交易是一种场外交易，在英语中被称为“Forward Transaction”。

（9） 场外交易中，有类似于 FRA（远期利率协议）和 FXA（远期外汇协议）的进行差额结算的商品。

（10） 利率互换是指在同种货币之间进行的不同类型利息交换的交易行为。

（11） 货币互换是指交易双方约定在未来某个时间互换不同货币之间现金流的交易行为。

（12） 期权是指以提前决定的价格（执行价格）购买或出售某一金融商品（原生资产）的权利的交易。有看涨期权和看跌期权两种类型。

第5章 企业并购

Part 5

M&A

(Meryers and Acquistions)

本章的主题为企业并购（M&A）。

企业之间的并购近年来一直呈增长态势，

本章我们将一起学习什么是并购。

29　并购战略

企业的合并与收购

并购（Mergers and Acquisitions，M&A）是“合并”和“收购”的简称，企业的并购包括企业合并、股权互换、股份收购、资产收购、要约收购（Take-over Bid，TOB）、杠杆收购（Leveraged Buyout，LBO）等方式。

并购可谓一种“购买时间战略”，其目的是争夺人才、品牌、工厂、技术、店铺和市场份额，从而可以打开其他地区的市场，确保销路和供应网络。

近年来，日本国内的市场正在逐渐缩小，为了顺应全球化的潮流，日本企业并购国外企业的案例逐渐增加，例如软件银行集团通过收购美国移动运营商——斯普林特 Nextel（Sprint Nextel）公司，成功扩大了自身规模。

但实际上，以失败告终的并购案例并不在少数。

并购（M&A）的方式

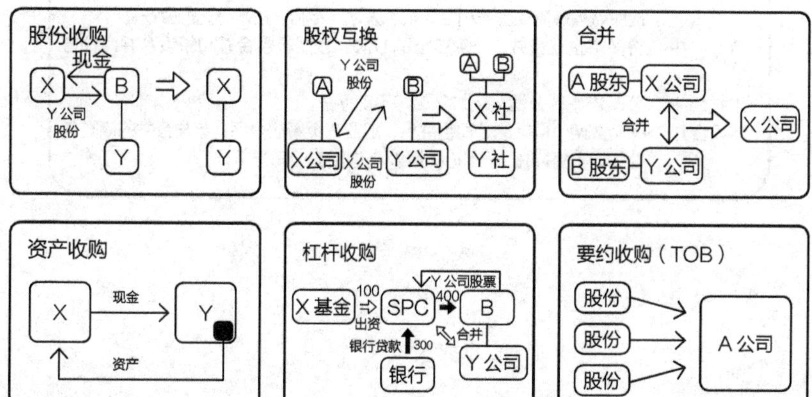

SPC 指特殊目的公司（Special Purpose Company）。

失败的原因包括多个方面。在收购前应制定一些具体的方案，包括企业最高管理者的参与、制定明确的战略和构想、预先选定目标企业并花费一定的时间进行调查、制定并购后预案（并购整合，即 Post Merger Integration，PMI）等。

由于“员工”这一要素对公司发展十分重要，所以事先制定好能够提高员工积极性的人事政策也是非常关键的一环。为日本经济高度增长贡献了巨大力量的中小企业也同样如此。这些企业近年来缺乏继承人的问题也日渐凸显。为此，以企业继承为目的而进行的企业收购、并购等情况正持续快速增加。

要点

研究结果表明，企业并购的失败率高达 50%。虽然这种企业战略风险较大，但一旦成功，将会带来巨大的经济效益。

并购（M&A）的主要方式

股份转让：被并购企业通过转让本公司发行的股票来转让本公司的经营权。
资产转让：被并购企业将本公司资产转让给收购方，有部分转让和全部转让两种方式。
部分转让：被并购企业转让部分资产。
全部转让：被并购企业转让全部资产。转让内容一般包括土地、建筑物等有形资产，应收账款等流动资产和经营权、人才、专利、技术等无形资产。
合　　并：将多家企业合并成一家企业的方法，包括吸收合并和新设合并两种方式。
吸收合并：公司兼并 B 公司，从此 B 公司不复存在。
新设合并：两个或两个以上的公司合并后，成立一个新的公司，参与合并的原有各公司均不复存在，一切权利和义务都由新公司继承。

30　并购过程

财务顾问的职责

一般情况下，律师、会计、投资银行和税务专家等多方人士会参与到并购过程中。

买卖双方通过财务顾问（Financial Adviser，FA）进行收购金额的估算和谈判。并购的全部流程可概述如下表所示。

M&A（并购）的过程

1. 组建项目团队	8. 详查（Due Diligence）
2. 选择目标企业	9. 签署最终协议
3. 选聘顾问（律师、会计、财务顾问）	10. 发布收购公告
4. 联系目标企业	11. 召开股东大会
5. 签署保密协议	12. 确认未违反《反垄断法》等法律法规
6. 收购谈判	13. 交割（Closing）
7. 基本达成一致	14. 并购整合

需要注意的是虽然交易双方通过前 7 个步骤可达成基本一致，但此阶段的协定一般不具有法律效力（Non legally binding），即在前 7 人步骤中的任何一个阶段，双方都随时可以中止合作，完全不受法律约束。

另外，第 8 号中的详查（Due Diligence）即详查会计账簿和合同。这是最耗费时间和劳力的一个步骤。比如，要检查公司是否存在账外债务和报表粉饰等不良财务数据，是否存在法律上的风险等。一般由注册会计师和律师共同进行此项工作。

一般情况下，收购方和被收购方会分别雇佣财务顾问，但小型企业在进行并购时，财务顾问有时会作为双方的代理人来办理各项事务。但交易双方原本就存在矛盾，所以这并不是一种理想的方式。

企业在并购过程中，一般需要多个顾问。

公司需向财务顾问支付聘用费（每月支付一定金额）和成功后的报酬（并购案例金额的百分之几），但实际上不同的财务咨询公司要求的金额也不同，所以事先确认财务顾问的费用也是非常必要的。

31　其他并购形式

经营者老龄化，继承问题日益凸显

企业继承（Succession of the Business）

企业继承是指企业的经营者将公司经营权继承给接班人的行为。

作为日本经济发展中坚力量的中小型企业大多数都是公司创始人或公司所有者一个人主导经营大权，因此企业继承是关乎公司存亡的重大事件。以前，继承人一般是社长的子女或亲属，但近年来员工继承经营权或被其他公司并购的情况也在急剧增加。如果社长非常有能力，可能会在让出经营权后能够将其再次取回。无论如何，选择继承人是一个非常困难的问题。由于为数不少的企业经营者们正趋于老龄化，所以企业的继承问题将会日益凸显。

杠杆收购（Leveraged Buyout，LBO）

LBO 是指将产生一定现金流量的业务作担保，灵活利用外部借款的收购方式。收购方企业将借款作为杠杆，以获取最多的投资收益。一般来说，这种收购方法要求企业能够产生比较稳定的现金流量。一种名为并购基金的基金在 LBO 的过程中发挥了主要作用。

管理层收购（Management Buyout，MBO）

MBO 是指公司管理层们收购本公司股份的行为。这种情况下也常常会采用 LBO 的方法，公司管理者和经理层利用所融资本购买公司股份，作为共同投资者进行出资。

MBO 的流程

1. 设立新公司以接收新买入的股份
2. 新公司从现股东处买进股份
3. 将成为母公司的新公司与子公司合并

MBO 的优势在于现股东可通过变卖自己持有的股份获得自己创建的企业利润；另一方面，公司管理层作为继承人可以以少量资金继承股份。

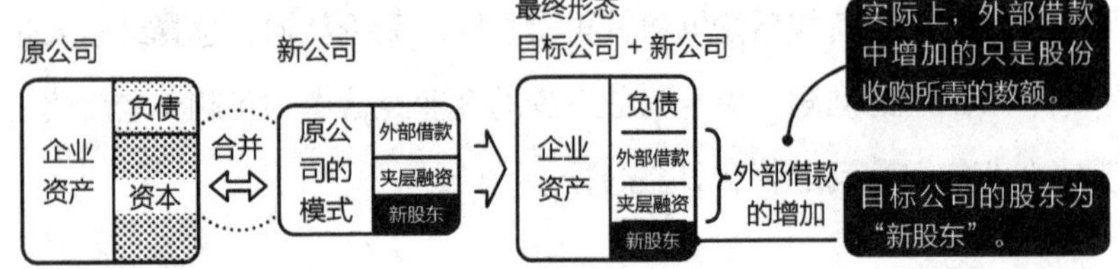

原公司的模式

目标公司 + 新公司

实际上，外部借款中增加的只是股份收购所需的数额。
目标公司的股东为“新股东”。

并购（M&A）有多种形式，但无论哪种形式，企业价值评估都是极为重要的评判标准。

最近越来越多的上市公司将 MBO 应用于股票的非公开化发行等企业行为上。

32 并购整合

并购后的问题堆积如山

并购整合的主要目的是通过整合提高效率，以达到 1+1 ＞ 2 的效果，即所谓的协同效应。

但在实际整合过程中还存在诸多问题，合并后再分开的例子也有很多。在收购前要对如何整合并购后的公司进行充分的讨论和准备。

特别是对于大型银行而言，并购时的系统整合非常重要，且需要巨额的投资。

在妨碍整合的主要原因中，有一个定性因素就是企业文化，其中包括不同的企业经营战略、市场营销战略、组织结构、会计制度、人事制度等产生的人才种类的不同和价值观的差异，还有人们对既得权益的执着、派系之间的争斗等各个方面。

进行企业并购时，要事先就
体系的整合以及企业文化等
多个方面进行充分探讨。

银行、通讯公司、风险企业、咨询公司等多种类型的企业对应的企业文化存在着巨大的差异。有的公司在整合后，采取多个人事系统并行运作的方法，更有甚者则常年以交叉人事这种复杂机构运作。

企业是由“人”来推动的，因此在收购时需要将文化的融合放在优先地位。在收购前需要商讨出具体方案，尽可能地解决企业文化融合的问题。

在对企业文化进行定量分析的同时，也要进行定性分析。

“企业不可无‘人’”，
希望各位企业家能清楚
地认识到这一点。

33　足球表

通过多种方式估算股价范围的对照表

在收购活动中，股价的估算一般由多种方法共同完成。以多种方式推算股价范围的对照表叫作足球表。一般认为表中重合范围内的股价是较为稳妥的。

但是最终股价是根据双方的谈判决定的。有的时候，股价高也并不能阻止竞争对手对本公司的收购，所以股价的高低都是出于企业对经营战略的判断。具体有如下方法。

DCF 法（现金流贴现法，Discounted Cash Flow）

DCF 法是最基本的方法。通常会预估“乐观”“中立”“悲观”3 种情况。

参考企业比较法（Comparable Company Multiple）

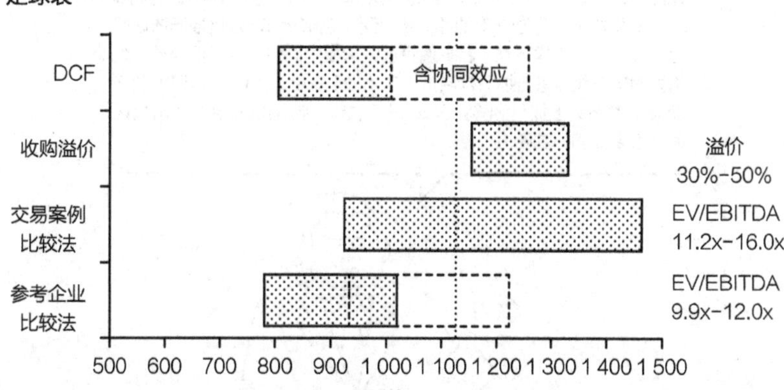

通过参考同行业中其他公司的 PER 决定本公司股价的方法。PER，即股价收益，是指某种股票每股市价与每股盈利的比率。

交易案例比较法（Comparable Transaction Multiple）

以同行业中实际案例为基础计算股价的方法。由于公开信息很少，所以其结果一般用于参考。

净资产法（Net Asset Approach）

以资产和负债的差额（即净资产）计算股价的方法。有基于账目价额的净资产法和时价净资产法。

其他

泡沫经济时期股价高涨，这时也用市销率（Price Sales Ratio，PSR）来计算。

估算股价的方法有很多，但具体价格还需要双方商定。

在此，我们举一个关于市销率的例子我们举一个市销率计算法的例子。某公司将股价定为营业额的 10 倍，因为定价较为盲目且毫无依据，之后股价就会大幅下跌。若掌握企业经营权的同时收购其他公司，则需要对支配股价进行控股权溢价（Control Premium）。这时就要在原股价的基础上提价 30%-50% 进行收购。特别是在收购上市公司时，很多公司都需要进行溢价。

测验

M&A 小测验
掌握企业并购的方法！

第5章中我们一起学习了企业的合并与收购。伴随着全球化的发展，企业并购逐渐升温。M&A 说起来简单，但方法有很多种，一起来复习吧。

（1） M&A 是合并和收购的略称，是英语________and________的缩写词。

（2） M&A 有多种方式，包括________、________、________、________、________。

（3） PMI（________）是指 M&A（并购）后的整合。

（4） 中小企业是日本经济高度成长期的中坚力量，但随着时间推移，其创始人，即社长们老龄化现象加重，后继乏人问题显著，因此以________为目的的 M&A 逐渐增加。

（5） 企业并购过程中，一般需要和________、________、________、________等多方面人士打交道。

（6） 详查会计账簿和合同的工作在英语中叫________。

（7） 在 M&A 中要向财务顾问支付________（每月固定支付的雇佣费）和________（并购案例金额的百分之几）。

（8） ________是指以能产生固定现金流量的业务作担保，灵活利用借款进行收购的方法。

（9） ________是指公司管理层收购本公司股份的方法。

（10） M&A 的企业评估方法有________、________、________、

________等。

（11） 以多种方式估算股价范围的对照表叫作________。

（12） 在泡沫经济时期，采用了一种叫作________的方法，将股价定为营业额的几倍。

答案

（1） M&A是合并和收购的略称，是英语Merger and Acquisition的缩写词。

（2） M&A 有多种方式，包括股权互换、股份收购、资产收购、要约收购、杠杆收购等。

（3） PMI（Post Merger Integration）是指M&A（并购）后的整合。

（4） 中小企业是日本经济高度成长期的中坚力量，但随着时间推移，其创始人，即社长们老龄化现象加重，后继乏人问题显著，为此以企业继承为目的的 M&A 逐渐增加。

（5） 企业并购过程中，一般需要和律师、会计、投资银行、税务专家等多方面人士打交道。

（6） 详查会计账簿和合同的工作在英语中叫 Due dilidence。

（7） 在M&A中要向财务顾问支付聘用费(每月固定支付的雇佣费）和成功后的报酬（并购案例金额的百分之几）。

（8） 杠杆收购是指以能产生固定现金流量的业务作担保，灵活利用借款进行收购的方法。

（9） 管理层收购是指公司管理层收购本公司股份的方法。

（10） M&A 的企业评估方法有 DCF 法、参考企业比较法、交易案例比较法、净资产法等。

（11） 以多种方式估算股价幅度的对照表叫作足球表。

（12） 在泡沫经济时期，采用了一种叫作市销率（PSR，Price Sales Ratio）的方法，将股价定为营业额的几倍。

第 6 章
金融理财的基本术语

Part 6
Basic Terms

本章中我们将会学习金融理财的相关基本术语。

这些知识虽然浅显易懂，但十分重要，请大家仔细阅读。

34　货币的功能与价值

货币的三大职能

不管是金融还是理财都始于货币的出现。自古以来，人们利用物物交换获得食物等生活用品，但由于自己所持有的物品不一定是别人想要的，而且食物不易保存，所以存在着种种不便。于是，人们开始将贝壳等当作货币使用，用自己制作的产品换取货币，再用货币购买自己的所需之物。之后，人们开始使用金、银作为货币，后来又出现了铸造的钱币。

货币具有以下三大职能：第一，流通手段；第二，价值尺度，因为有了货币，商品价值才得以量化；第三，价值储藏，金属等货币不管历经多少年都不会被腐蚀。

货币的三大职能

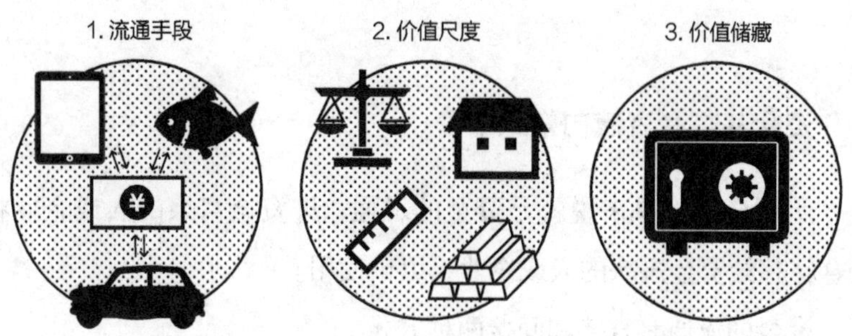

即使创造出了货币，但若无法证明其价值，也没有人去使用它。

金银等高价金属暂且不论，像铝、铜等廉价金属制造的货币及纸币我们也无从了解其真正价值。

只有当国家政府或中央银行承认某种货币有价值的时候，它才能拥有价值，成为真正的“货币”。

如果一个国家的中央银行失去信用，该国家发行的货币也会随之贬值，甚至会失去价值。另外，如果货币被伪造，同样也会导致货币价值骤贬。因此，各国中央银行都使出浑身解数防止货币造假。

各国的信用度不同导致
纸币的价值也有所不同。

35　直接金融·间接金融

资金从富余者流向短缺者

所谓金融简单来说就是资金的融通，即资金富余的人或企业将资金转移给资金短缺的人或企业，以供使用。

资金的流通有直接和间接两种方式。

直接金融就是资金需求者直接从资金盈余者手中筹措资金，如发放股票、债券等。

间接金融是银行将预存在银行等“金融机构”的钱借贷给个人或者企业的方式。虽然储户们并没有意识到自己借给了别人钱，但是我们的存款已经或多或少地向金融机构提供了贷款的资金。实际上，大部分日本国债虽然是由金融机构投资并购买的，但其资金来源是日本普通民众的存款。

直接金融与间接金融

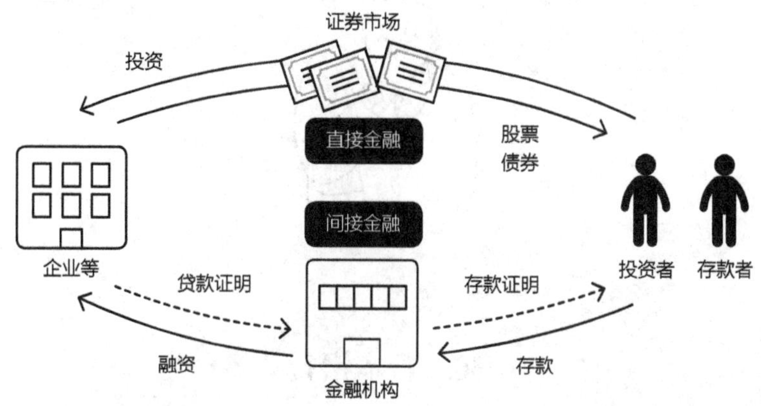

若此类资金流动不畅，社会上的各种经济活动也无法顺利进行。如果企业没有筹措到资金，就无法进行新产品的开发以及购置设备、投资等活动；若企业运转资金不足，就会面临破产的危险。至于个人，若无房贷车贷，消费热情就会冷却，社会经济也会萧条。

金融活动所必需的金融机构、进行交易的金融市场、国家所制定的金融规定等统称为“金融体系”。近来，随着 IT 行业和全球化的发展，金融体系变得庞大，运转金额远超实体经济。因此，有很多投资家为了获得最大利益投机性地进行投资、竞争，但一旦出现问题就会引起巨大动荡，雷曼危机就是一个很好的例子。维持本国金融体系的健全是国家的重要职责。日本的银行在相当长的时间内都采取负利率政策，向市场投入大量资金，以期刺激经济发展，但由于内需不足，导致不动产价格和股票价格大幅上涨，经济上升效果仍不明显。

负利率政策的实施，恐导致日本金融体系的扭曲。这一点需要格外留意。

36 日本银行

保持物价和金融体系稳定的中央银行

为了保持国家的金融体系稳定，各国设立了中央银行。日本的中央银行是日本银行。

日本银行最重要的职能是制定金融政策，其中最具代表性的便是调控“政策利率”。为了避免过度的通货膨胀和通货紧缩，必须将市场上流动的货币量控制在合理的标准之内：如果流通的货币量过多，便会导致通货膨胀，物价上涨；反之，则会导致通货紧缩，物价下跌。

以前，政策利率是日本银行向民间银行贷款时使用的利率，即法定利率。通过控制法定利率调节市场上的货币。但如今银行之间把活期贷款利率作为政策利率调控短期资金市场。活期贷款利率是民间市场的利率，并不受日本中央银行的控制。

于是日本中央银行通过买卖所持有的国债改变民间流通货币数量，以此将利率引导至合理范围内。

另外，日本中央银行还具有以下职能。

（1）发行银行券（纸币）。

（2）接收政府存款，同时向政府贷款。

（3）接收民间银行的存款，并负责银行间的清算。

（4）民间银行资金不足时，向民间银行贷款。

日本中央银行的三大职能

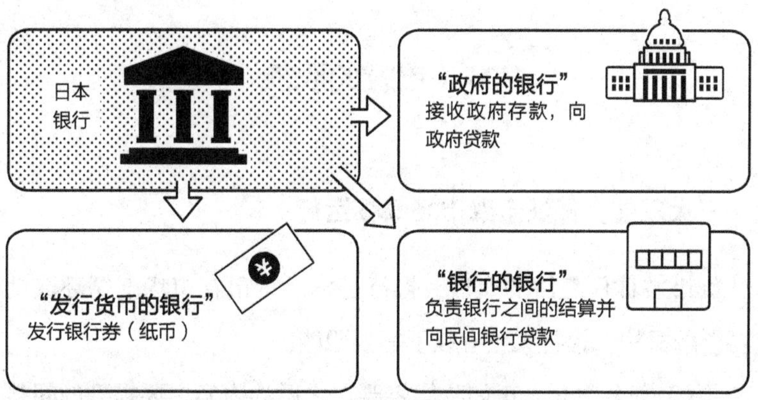

以上职能若是由政府来承担，可能会出现政府出于自身利益过度发行钞票等情况，金融体系有可能因此陷入混乱之中。因此，法律规定日本中央银行独立于政府之外存在。日本银行法规定在经参、众两院同意后，由内阁来任命日本中央银行的总裁和副总裁。但近来有人指出日本中央银行总裁的独立性实质上已经名存实亡。

“安倍经济学”中的宽松货币政策意在通过增加货币发行数量来引起通货膨胀，但由于原油价格下降等原因，并没有取得预期成效。

37 银行的职能

三大职能，保证金融市场顺畅运行

货币被称作经济的血液，银行是推动货币在市场上循环流动的重要金融机构。银行大致有以下三大职能。

（1）资金中介。正如我们将要在之后的内容中要提到的间接金融那样，银行将资金富余者和资金短缺者连接了起来。

（2）信用创造。银行从各金融机构那里以存款的形式集资，并将其中一部分存款作为支付准备金保存在自己的业务库，剩余的存款用于向企业贷款。这种准备金叫作法定存款准备金，银行存款中法定存款准备金的比例叫作法定准备率。

企业将贷款用于客户间的交易，得到资金的客户，又将资金存在银行，银行将其中一部分资金作为支付准备金保存在自己的业务库，又将剩余的钱贷款给企业，这样反复循环，不断产生新的存款。

信用创造的运作方式

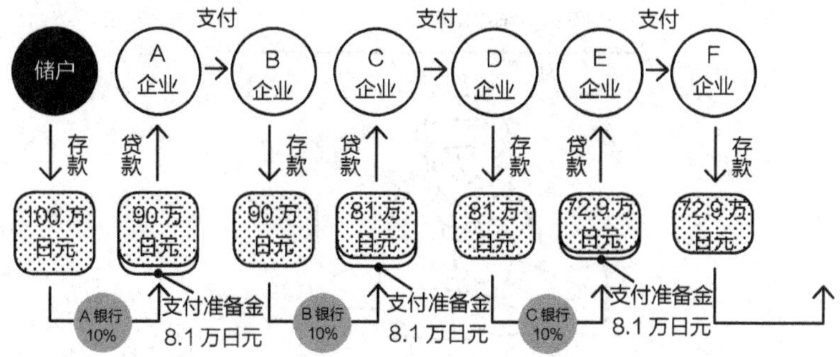

设原始存款为 100 万日元，备付金率是 10%，那么信用创造的金额为 100 万日元 ÷0.1= 1 000 万日元（存款总额），再减去最初的存款 100 万日元，即为 900 万日元。

银行存款余额不断增长。这被称为“信用创造”。

储户最初存在银行里的现金叫作原始存款。原始存款是信用创造的基础资金。基于原始存款经信用创造产生的资金被称为派生存款。例如，新发行的 10 万亿日元有可能会起到 100 万亿日元的作用，所以信用创造是一种非常重要的刺激经济的手段。

（3）清算职能。持有银行账户的 A 和 B 之间可以进行转账、汇款等活动，银行有保护此项活动的义务和能力。

银行主要分为普通银行和信托银行，但近年来，乐天银行、日本网上银行等网上银行或者像 Seven 银行等只有 ATM 机的银行开始流行。这些新兴银行与传统银行不同，由于经营成本低廉，所以返还给用户的利息较高。

在日本，普通银行一般包括都市银行，地方银行和第二地方银行。一般来讲，都市银行处理全国事务，第二地方银行处理偏远地区事务。信托银行可以接收和使用客户的股票、不动产等资产，是一种较为特殊的银行。

38 负利率

史无前例的举措

2016年2月，日本第一次采取负利率政策。所谓利息，简单来说就是存款或贷款时产生的“租金”。

利率因贷款种类的变化而变化。即使是同一种贷款，如果采用的是“变动利率”，所要支付的利息会根据贷款日的不同而变化。

为什么利率会发生变化呢？首先要从供给和需求的关系考虑。如果贷款的人多，那么利率就会相应地增加。因为即使利率增多，依然有想要贷款的人。但是贷款人数减少的话，利息就会下降。

另外，贷方供给本金的方式也会引起利率的变动。

欧洲央行（European Central Bank）于2014年首次实施负利率政策。通常情况下，民间银行把钱存入央行可以获得利息，但是，在负利率政策之下，民间银行需要向央行支付利息。由于在央行存款会有所亏损，借此鼓励民间银行向企业和个人借贷放款。通过此政策，虽然有些国家的银行借贷业务增多了，但是总体来看效果并不显著。

例如，银行把储户存到银行的存款作为本金借贷出去，非银行金融机构或者消费金融公司从银行贷款后再贷出，从这些机构贷款的利息要高于银行。

最终，决定各种贷款利率的是民间银行之间进行借贷活动时的活期贷款利率，即政策利率。

若实行负利率政策，那么比起将钱存进银行，自己保存现金会更划算。但是，保存大量现金是存在一定风险的，需要保管场所、安全保障、购买相应的保险。如果长期执行负利率政策的话，极有可能引起金融系统的巨变。

利率是影响经济的一大因素。如果利率升高，从银行贷款的人

就会减少，企业投资及个人购房等经济活动就会相应减少，经济就会变得萧条。但是，如果利率过低，对于贷方而言没有什么好处。虽说贷款的人会增多，可以刺激经济，但事实未必如此。欧洲在推行了零利率政策之后最终使出了绝招——负利率政策。日本银行的金融缓和政策也仅仅导致了股票、不动产价格的上涨，并未达到预期成果。所以，操控市场并非易事。

39 汇 兑

适用于日本国外、国内两地间的结算借贷

一说起汇兑，可能很多人会想到“外汇”。

但是，所谓汇兑并不是邮寄现金，而是指两地间的结算手段。也就是说，即使在国内，相隔两地之间的货币往来活动也叫作汇兑。

其中一个具有代表性的就是期票，即约定好“在将来的一定日期内支付一定金额”的有价证券（表示财产权的证券）。汇票也有同样的作用，但现在的使用率较低。所以现在一说起票据，一般是指期票。

日本的任一家银行网点都可以使用期票取款。不管对方在北海道还是冲绳，使用一纸票据便可进行货币往来。

虽说现今的银行转账能够简单地向远在异地的个人或企业汇款，但期票的支付日期可以延长 4 到 5 个月，所以依然是一种受企业欢迎的资金运作手段。

支票也是一种常见的汇兑方式，是指发票人签发的委托银行等

金融机构于见票时支付一定金额给收款人或其他指定人的一种票据。与期票的不同是支票随时都可以取出资金，没有时间限制。

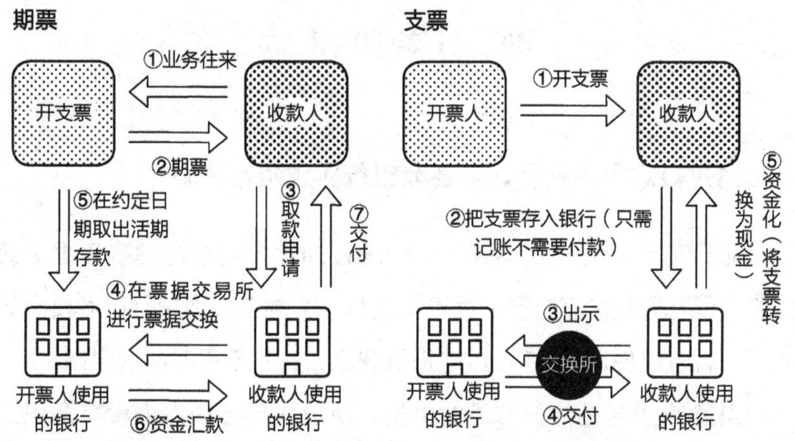

支票出票人所签发的支票金额不得超过其存款金额，否则将无法在银行提取资金。这种无效支票被称为空头支票。如果在半年内出现两次开出空头支票的情况，银行会对该企业做出拒绝交易的处分。受到处分的个人或单位两年内不得同金融机关进行支票活期存款、放款等业务。上市公司一旦开出空头支票，就违背了证券交易所的相关规定，有可能会被取消上市资格，所以需要格外注意。

空头支票有时也意味着
开票企业的倒闭。

40　日本国内汇款

通过日本中央银行，与各大银行实现货币往来

旅行或出差时，钱不够了……现在即使发生这样的事情也不必慌张。就算附近没有自己的存款所在行，只要有其他银行或者便利店的话，就可以使用 ATM 自由地提取现金，并且不受时间的限制。

可能因为这是件很常见的事情，所以大部分的人都没有意识到一个问题。那就是在 A 银行存钱的客户从 B 银行取钱，如果 B 银行从 A 银行得不到相应的货币，B 银行就会面临资金不足的问题。其中的货币交易到底是如何进行的呢？

日本国内汇款的结构

例：A 公司向 B 公司汇款 100 万日元

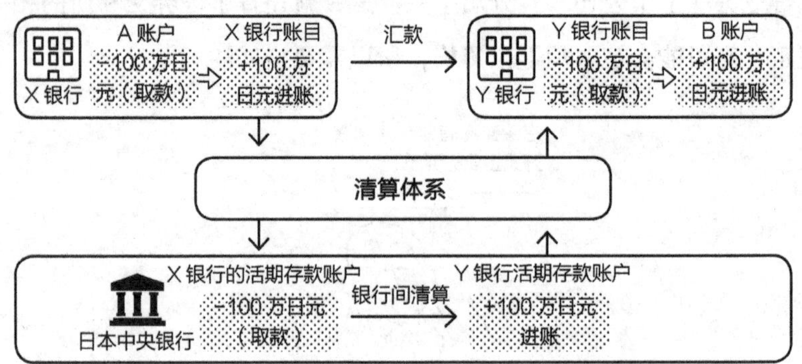

银行之间及各支行之间的货币往来叫作汇款，但并不是真的去送现金（译者注：在日语中汇款叫作“送金”），而是在账单上完成的。

不同银行之间如何进行资金上的业务往来呢？实际上需要通过日本中央银行。法律规定，各银行必须要在日本中央银行开设活期存款的账户，同时要存入一定数额的存款。

如果某储户在 A 银行存入 100 万日元，再从 B 银行取出的话，那么 A、B 银行在日本银行的存款账户上就会显示 A 银行减少了 100 万日元，B 银行多出了 100 万日元。

之前我们解释过为什么日本中央银行被称为“银行的银行”这个问题。其中一个原因就是日本银行承担了“汇款中介”这个职能。日本中央银行是其他银行能够顺利发挥其职能的重要保证。

随着科技金融(Fintech)的发展，
有可能会产生新的汇款机制。

41 日本外汇市场

兑换、买卖货币，但无交易所

所谓外汇市场是进行日元、美元、欧元等不同国家之间货币的兑换与买卖的场所。虽然说是“市场”，但这个“市场”不像进行股票买卖的证券交易所那样，并没有进行外汇交易的实质性场所。货币交易范围可以是全世界，一般通过电话、网络等进行，而这一系列的交易活动称为“外汇市场”。

外汇交易市场主要分为以下两大类。

银行间的交易

即银行、证券公司等金融机构之间直接兑换货币的交易，或者通过外汇经纪人兑换通货的交易。想必大家都听过“美元对日元的汇率由一美元兑换 110.1 日元变为 110.2 日元”这样的新闻报道。

日本外汇市场结构

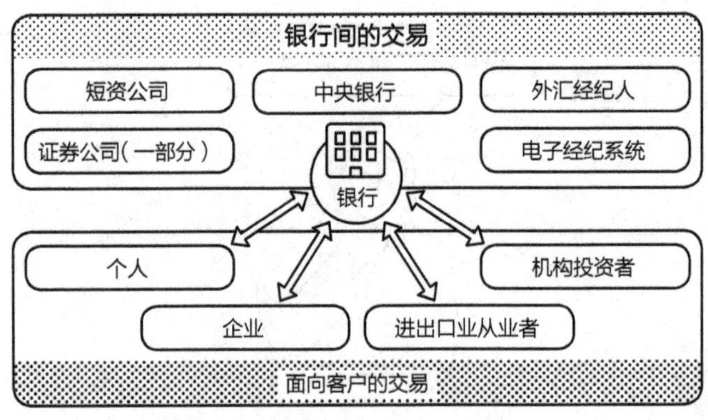

这里的“汇率”指的就是在银行间交易的汇率。之所以以美元的汇率为基准是因为美元是世界货币，在全世界的交易中最为活跃。虽然人们买卖的货币不只限于美元，但买卖其他货币时，多通过美元来结算。

面向客户的交易

指个人或企业同金融机构或者金融公司进行的一对一交易。大家在出国旅行之前，会去银行兑换外币，这一行为就是面向客户的交易。银行以银行间的汇率为基础，设置本行外汇的买入汇率与卖出汇率。外汇的买入汇率与卖出汇率是不同的。

另外，汇率中间价是银行等金融机构与客户进行外汇交易时的基准汇率。买入价又叫“Bid 价”，卖出价又叫“Offer 价”。

外汇分为银行间的交易
和面向客户的交易。

42　日元升值 日元贬值

与其他货币相对的日元价值

所谓日元贬值和日元升值指的是日元在兑换他国货币时表现出的相对价值，即单位日元兑换他国货币时能够交换价值的多少。举个例子，“日元贬值美元升值”就是日元兑换美元时，日元价值下降。虽然也会有“日元升值欧元贬值”等这种用来与其他货币进行比较的说法，但是如果单纯地讲“日元升值”“日元贬值”，其比较对象都是美元。

日元的贬值和升值都没有明确的基准。而是以过去的某个兑换价值为基准来判断升值还是贬值。如果与“1美元=360日元”时相比较，如今的日元已大幅升值；但如果同“1美元=80日元”的时候相比，如今的日元已大幅贬值。

对于个人和企业来说，日元的贬值和升值会对盈亏产生巨大影响。

购买价格为1美元的汉堡

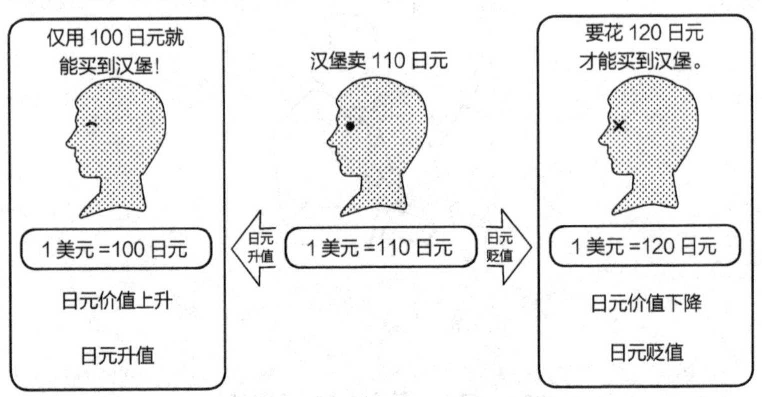

日元贬值时，日元的价值下降，从他国购买进口商品需要花费比以往更多的日元，那么这会对经营外国食品、进口原油的企业产生负面影响。但是流往日本外的商品即出口商品价格降低，具有了一定的价格优势。这会对经营汽车等出口商品的企业产生积极作用。

由于日本出口产业较多，日元贬值给出口产业注入了活力。这些出口产业又带动了整体经济的发展，促进了经济繁荣。这就是符合涓滴效应，即如若大企业盈利，小企业也会跟着沾光。

若日元贬值，相对美元而言日本的股票价格下降了，但这反而会引起日本股价的上扬。但是也有人指出涓滴效应实际上并不起作用，只有一部分大型出口企业获得了利益，却无法惠及中小企业。

日本属于中小企业较多的进口型社会，若日元贬值，整个国家将会陷入窘境。由于食物也高度依赖进口，所以若小麦等产品价格飞涨（输入型通货膨胀），也会给民众的生活增加负担。

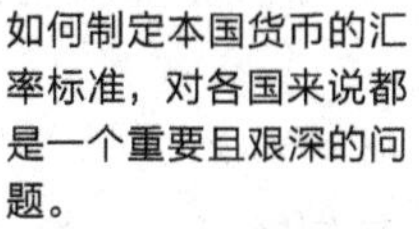

如何制定本国货币的汇率标准，对各国来说都是一个重要且艰深的问题。

43　通货膨胀、通货紧缩、停滞性通货膨胀

物价的波动及异常波动的缺点

所谓通货膨胀（Inflation）指的是物价持续上涨，货币价值持续下跌的状况。而通货紧缩（Deflation）指的是物价持续下跌，货币持续升值的状况。

自 20 世纪 90 年代后半期以来，日本一直处于通货紧缩的状态。通货紧缩状况下，大部分物价下跌，现金价值上涨，使得大部分日本企业因盈利困难而降薪或裁员。这样一来商品销路愈发不畅，从而加剧通货紧缩……这一极端的状况叫作通缩恶性循环。

为了改善通货紧缩的经济状态，日本中央银行自 2001 年以来实施了几次量化宽松政策，向市场注入资金，以期引起通货膨胀。因为一般情况下，货币发行量增加，人们手里的钱就会增加，从而刺激消费市场，物价也相应地上涨。紧接着企业就会盈利，员工的收入也会增加，市场就会恢复景气……

通货膨胀和通货紧缩分别会导致怎样的结果

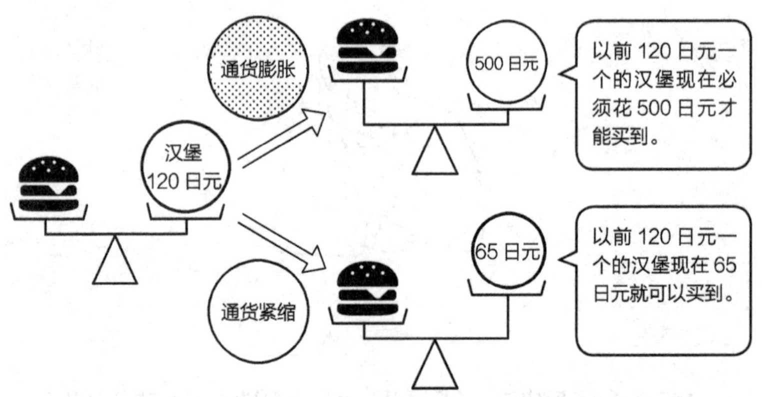
通货膨胀
500 日元
以前 120 日元一个的汉堡现在必须花 500 日元才能买到。
汉堡
120 日元
65 日元
以前 120 日元一个的汉堡现在 65 日元就可以买到。
通货紧缩

虽然想法很美好，但实际上大企业盈利后，会将所得利益暂时保存在企业内部，所以不会大幅度上调工资。企业方面无法预测未来的需求是否会扩大，所以也不会投资。日本银行设立了两年内达成 2% 的通胀目标，但是直到 2016 年也没有实现。另外，由于消费税的上调，所以经济景气的情况仅限于一部分大企业。

不仅通货紧缩，通货膨胀也会引起一些问题。如果发生通货膨胀，货币的价值持续下跌，存款贬值，那么依靠存款生活的老年人们的生活会变得艰难。通货膨胀进一步发展的话，就会达到极度通货膨胀的状态。

停滞性通货膨胀是一种
极为糟糕的状态——虽
然物价持续上涨，但货
币不断贬值，经济萧条。

44 债 券

筹集资金的手段、较为安全的投资方式

债券是筹集资金的手段之一，是国家、企业或地方政府等向社会借债筹措资金时，向投资者发行，同时承诺按一定利率支付利息并按约定条件偿还本金的债权债务凭证。

根据债券持有时间长短的不同，可分为 5 年或 10 年等类型，到期后向投资者归还本金。债券按付息方式分为定期向持券人支付利息的“附息债券”和无附设任何利息汇报、按面值折扣发行、到期按面值还本的“贴现债券”，也被称为“无息债券”。

新发行的债券叫作新发债券，已经发行并在市场上面流通的叫作已发债券。国家债券、公司债券、地方债券等债券大部分都可以在债券公司买到。

债券的种类

国家债券
国家发行的债券。

公司债券
公司发行的债券。

地方债券
地方政府发行的债券。

可转换公司债券
可转换为发行公司股票的债券。

从投资者的角度来看，债券可以说是一种安全性较高的投资方式。只要发行商不破产，资本就会有保障。在购买债券之前，可以参考信用评级公司对债券的信用评级。

在日本，信用评级在 BB 以下的债券叫作“垃圾债券”。从名称可知，资本损失风险较大，但其收益率相对较高，所以也有投资者不惜冒着亏本的风险购买。在债券投资过程中或到期日之前，可以出售债券。由于市场价格随时波动，有可能会出现“低买高卖”的情况。虽然债券和股票一样都在证券交易所流通，但人们不会通过证券公司进行交易，而以公司和投资者面对面地进行“场外交易”为主。由于证券公司不同，债券价格也有所不同，经营的债券类型也不相同。

垃圾债券又称高收益债券。二者虽然都代指一类债券，但是由于名字不同，给人的印象便完全相反，但其高风险的特性并无二致。

45 国 债

银行用储户的个人存款购买国债

国债是国家发行的债券。日本政府为了确保预算，发行了各种国债。比较具有代表性的债券有：为确保道路修建等预算而发行的“建设国债”为弥补税收不足而发行的“赤字国债”等。

如今，日本政府的资金来源多依靠国债。比如，2016年度预算中，年收入为96.7兆亿日元，其中有34.3兆日元的预算为国债，约占总收入的35%。由于长期依赖国债，日本的负债已超过1 000兆日元，处于世界最高水平。

2016年度日本政府总支出·总收入的构成

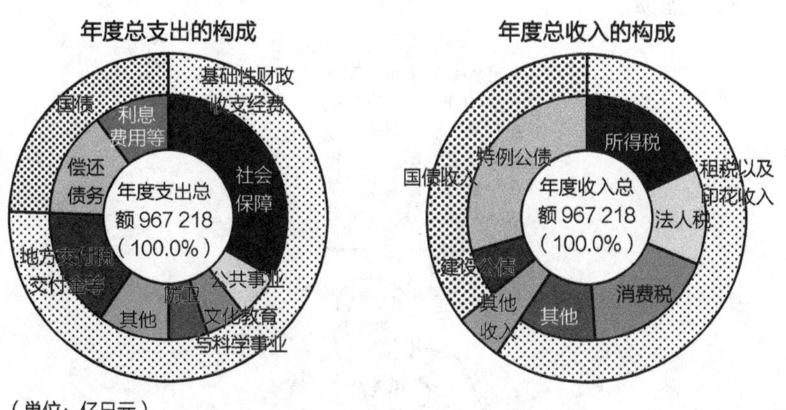

（单位：亿日元）

当前，大家都认为日本国债是安全的，但国家财政正濒临破产的边缘，今后国债是否安全无从得知。

由于推行了“安倍经济学”中被称为异次元经济缓和政策的“量与质的金融缓和政策”，日本中央银行从市场买入了大量国债。

这也是为了增加流通的货币总量（货币供应量）。通常认为通过增加货币流通量可以降低通货价值，引起物价的相应上涨。

日本国债可以在银行或者证券公司等处购买。

个人可以买到的国债有面向个人发行的国债及在新型窗口售卖的国债（新窗口售卖式国债）。面向个人的国债有利息变动型（10年期国债）和利息固定型（5年不变、3年不变）等，起购金额为1万日元。新窗口售卖式国债的期限为2年、5年、10年不等，全部采用固定利息，起购金额均为5万日元。上述国债都是每月发行一次，但利息各不相同。

以上两种国债的不同点是如果在债券未到期时想要拿回本金，新窗口售卖式国债可能会亏损，但是它正常的利息往往更高一些。

银行会用储户们的存款购买国债，所以其实我们每个人都间接地购买了国债。

在证券公司也可以买到外国的债券，与日本国债不同，其中有一些收益率较高的类型。大家在投资时可以考虑一下这类国债。

46 债券评级

由民间企业来评定债券的信用

“日本国债的等级降到了 A 级”。相信大家都看到过此类债券评级的新闻。

“评级”主要与债券有关，评定的是对债券的发行方按照约定偿还本金和支付利息的能力。对国家的评级叫作国家主权信用评定。

一般来说，等级评定结果用字母来表示，AAA 为最高等级。A 的个数越少，则表示该企业或机构的偿还能力越低。一般情况下，BBB 等级以上都属于适合投资的范畴。但是，等级在 BB 以下的话，就会被认为是投机性债券，即垃圾债券。C 等级则表示该债券信用极低，存在着很大的安全问题。

信用评级由民间信用评级公司进行评定，目前国际上公认的最具权威性的信用评级机构主要有美国标准普尔公司（S&P）和穆迪投资者服务公司以及惠誉国际公司三家。日本也有信用评价投资中心和日本信用评级研究所等。

有的债券发行者向评级公司支付一定的手续费，请评级公司评价自己公司的信用等级。其理由为，一般信用等级越高的债券，越容易得到投资者的信任，投资者也就越多。

但是信用评级公司所评定的等级也不一定都是准确无误的。2008

年的雷曼危机就是由于信用评级公司对次贷证券化商品的评级不够谨慎而引发的。

47 股 票

东印度公司首创的资金筹集形式

股票是股份公司为筹集资金而发行给各个股东作为持股凭证的有价证券。

据称世界上第一支股票是荷兰在建立东印度公司时发行的。东印度公司从荷兰乘船前往各个殖民地，通过贩卖从殖民地带回的香料、贵重金属等物品以获取利益。虽然每次航海都要从投资者那里筹集资金，获得利益之后也会分给投资者相应的利息，但是一旦航海失败，投入的资金便全部化为泡影。这对投资者而言风险过高，所以他们不会轻易投资。

股票交易的基本流程

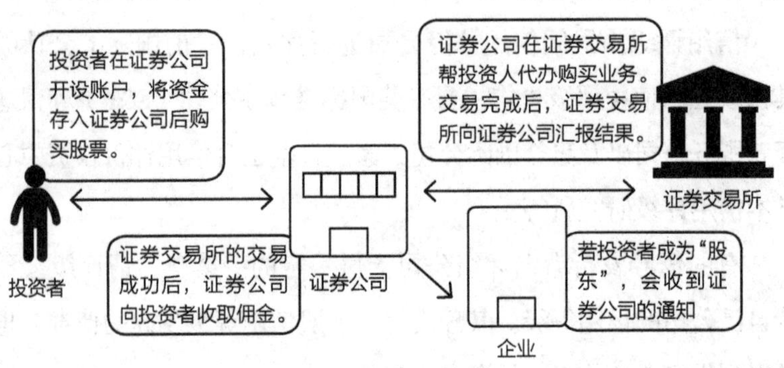

投资者在证券公司开设账户，将资金存入证券公司后购买股票。
证券公司在证券交易所帮投资人代办购买业务。交易完成后，证券交易所向证券公司汇报结果。
证券交易所
投资者
证券交易所的交易成功后，证券公司向投资者收取佣金。
证券公司
若投资者成为“股东”，会收到证券公司的通知
企业

这时，股票便应运而生。虽然同样都是筹集资金，但是重点是

利益分配形式变成了根据多次航海的结果进行分配。对于投资者来说，风险大幅度下降，所以投资者乐于出资，东印度公司也更容易筹到资金。

说到股票，一般指普通股票。每股（译者注：日本股票单位为“株”，1株＝1股）股票所代表的权利相同。持有股票的股东在股东大会上享有表决权，可以参与经营活动、享受红利，所享有的权利与其拥有的股票数相对应。

除普通股票之外，企业还可以发行“特别股票”。特别股票与普通股票持有人的权利不相同，如“每个股东享受的分红不同”“有无表决权”等。

如果公司要发行新的特别股票，需要对某些章程进行更新，在章程中应明确写出“特别股票的内容”以及“可发行的股票数量”等。

另外，和特别股票不同的是，某些非公开企业（转让受限制的企业）的章程中明确规定了对于不同的股东，盈余分红、剩余财产分配、股票大会决议权的处理方式也有所不同。这可以称得上是一种根据股东个人量身定做的股票。

无论对于企业还是投资者来说，股票都是一种风险较低的投资方式。

48　首次公开募股（IPO）

未上市公司首次将自己的股份在证券交易所进行公开售卖

IPO 是 Initial Public Offerings 的缩略语，是指一家企业首次将自己的股份在证券交易所上市。

如果在证券交易所出售本公司股票的话，就可以通过卖出股票获得更多的投资。若股票价格上涨，就可以筹集到更多的资金。所以很多企业都以上市作为自己的奋斗目标。

在证券公司发行的股票必须来自于满足上市标准的公司。上市标准主要有股票数、股东数、净资产等。就拿东京证券交易所（东证）来说，市场 1 部的准入门槛最为严格，其次是市场 2 部、MOTHERS。

MOTHERS 是为了使风险企业更容易上市而设立的证券交易市场，名古屋的 Centrex、札幌的 Ambitious 也是如此。另外，东证还设立了嘉斯达克这种专门面向新兴企业的交易市场。

当然，上市对于公司来说也并不全是益处。为了做到公平公正交易，上市公司有义务公开本公司的销售额、利润、资产总额等与公司经营状况相关的信息。一旦上市就不能对公司实情有丝毫隐瞒。并且一旦上市，投资人就会增多，需要对投资人说明的内容以及有话语权的股东就会增加，经营者将无法按自己的意志自由地经营公司。这些都是上市带来的缺点。此外，为了维持公司上市，所需的成本也很高。由于这些劣势，不少大型公司也会选择不上市，上市之后再恢复到非上市公司状态的公司也在逐年增加。每年还有接近 30 家已上市公司由于经营不佳，被废除上市资格。

从企业角度看 IPO 的优势与劣势

优势
- 可以通过证券交易所大范围地出售自己公司的股票，募集巨额资金。
- 股价上涨的可能性较大。

劣势
- 必须公开公司的内部情况。
- 需听取股东关于经营方面的意见。
- 维持上市所需成本较高。

有的经营者以 IPO 为目标，计划在公司上市之后将自己手里的股票卖掉来筹集巨额资金。这种以上市为终极目标的公司常常被人揶揄。

在日本，以下面个词汇在 IPO 时需特别注意。

新股预约权

新股预约权是可转换债权、新股认购权、股票期权的总称，是指能够将股票以特定的价格购入的权利，即看涨期权。所谓新股预约权，是指其持有人在行使该权利时，公司有向其发行新股，或者代之以转移公司所持有的自己股份义务的权利。

股票期权

属于新股预约权的一部分，指以事先约定价格购入自己所在公司股票的权利。公司无偿赋予员工这项权利。即使本公司股价上涨，员工依然可以以事先约定好的价格购入本公司股票，所以这可以让员工获得更多利益。风险企业多采取此制度来提高员工的工作积极性，确保优秀人才不外流，以此提高公司业绩。

49 证券公司的职能

证券公司是直接金融的核心

证券公司是直接金融中必不可少的存在，大致有以下 4 种业务。

经纪商（代理业务）

接受投资者的委托，作为投资者的代理在证券交易所等买卖股票及证券，并收取手续费。

自营（自营业务）

以盈利为目的，证券公司自行买卖证券。

承销（认购、二次销售）

承销指国家、企业等发行新债券时，证券公司将其集中收购，再卖给投资者的业务。假设不能将其完全出售，证券公司就会持有这些剩余证券，风险虽大，但售出后的利益可观，很有可能大赚一笔。二次销售是指买进已发行的有价证券，然后出售给投资者的业务。

销售（征集投资者、出售有价证券业务）

指接受企业等的委托，寻找购买该企业即将发行证券和已发行证券的投资者的业务。虽然与承销业务在某些程度上有些相似，但是证券公司不用自掏腰包，所以几乎不存在风险。

证券公司的四大业务

1. 经纪商
代替投资者在证券公司进行股票证券等交易。

2. 自营
以盈利为目的，证券公司自行买卖股票。

3. 承销
国家、企业等发行新债券时，证券公司将其集中收购，再卖给投资者。

4. 销售
寻找投资者，并向其出售即将发行证券和已发行证券的业务。

另外，日本的证券公司也会销售投资信托产品，承担投资银行的部分业务等。近年来，在日本国内除野村、大和等大型证券公司以外，还出现了Monex、乐天、SBI等网络证券公司。如今，这类新型证券公司的影响力也不容小觑。

近年来，证券公司在自营时受到的巨额损失给整个证券体系都带来了不良影响，这是个日益严峻的问题。

NISA（小额投资非课税制度）

Nisa（Nippon Indilidual Sarings Accoicnt）指对一定金额的股票、信托资金的收益和分红免除税收的制度。

自2016年1月起，日本政府设置“每年120万日元以下”的免税制度投资框架，以120万日元以内的新投资为对象，其所得的股票分红、投资信托收益免税的制度。该制度从2014年起开始实施，至2023年结束，为期10年，每年新投资额的上限为120万日元。免税最长年限为5年，如果中途卖出则被视为已经使用了免税权，不可再次使用。此外，可用于免税的总投资额应在600万日元以下。超出部分不再享受免税优待。

50 证券交易所

买卖股票、债券等有价证券的市场

证券交易所是买卖股票、债券等有价证券的市场。据称，1602年在荷兰的阿姆斯特丹设立的证券交易所是世界上最古老的证券交易所。发行了世界上第一支股票的东印度公司也属于荷兰。1878年根据日本股票证券交易所管制条例，在东京和大阪开设了股票交易所。

建成证券交易所后，便可以将多家公司的股票集中在一起交易，投资者就可以在同一个地方购买多种不同类型的股票。

日本的证券交易所

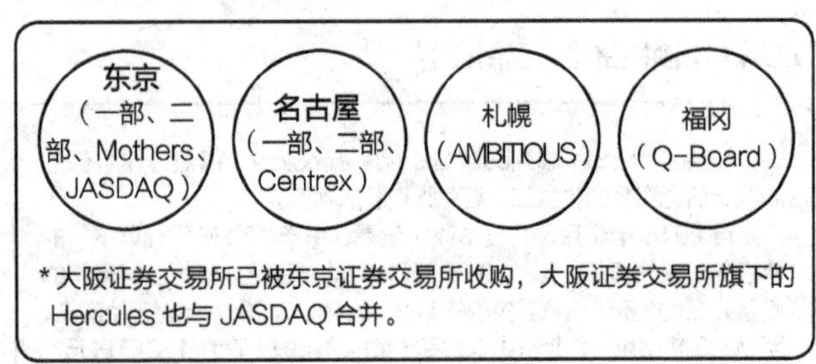

此外，公正的价格也是证券交易的优点之一。在证券交易所，人们基于“竞争原则”进行交易。此项原则包含以下两点。

（1）价格优先原则。与股票购买者、购买股票数量等无关，在买进股票过程中，在相同条件下，出价最高者最先成交。相反，在多家竞争卖出时，出价最低的最先成交。另外，相比指定价格的“限价订单”，优先进行不指定价格的“市价订单”。

（2）时间优先原则。时间优先原则是指在竞价过程中，如果出价相同，选择先报价的一方。

实际的股票价格是基于上述原则，由投资者的供需平衡决定的。方法有板上接近定价法和盘中交易两种。

在日本，板上接近定价法是指在早盘（上午的交易，9:00 ~ 11:30）、午盘（下午的交易，12:30 ~ 15：00）中决定股票价格的方法。证券交易所整理完大量的订单，决定开盘价之后，以此价格进行市价交易；之后，交易所会促成出价低于时价的卖方和出价高于时价的买方之间的交易；最后处理剩下订单的交易。盘中交易指的是在交易时间内决定股票价格的方法，只要买方和卖方在价格上达成一致即可成交。

板上接近定价法和盘中交易

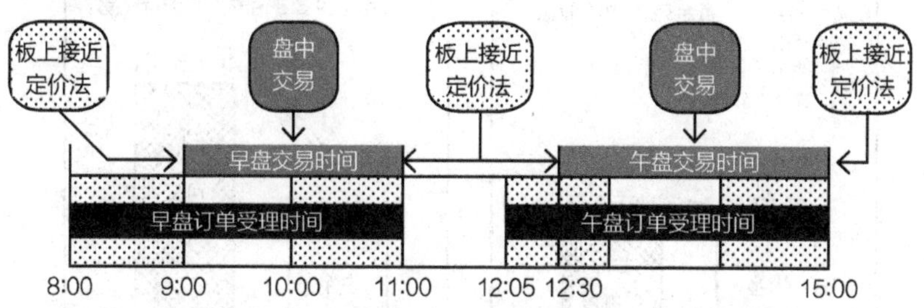

根据时间段的不同，股价分别由“板上接近定价法”和“盘中交易”来决定。

51　信用交易

交易额能够达到本金的3倍以上，但存在一定风险

在日本，信用交易指的是利用股票投资等方式调动超出自己本

金的资金量进行的交易。

举个例子，在投资股票时，一般情况下用 100 万日元进行股票投资，只能购买 100 万日元的股票。但是，如果向证券公司交纳“交易保证金”的话，就可以购买超过 100 万日元的股票，最多可买到的股票为本金的 3.3 倍。也就是说，100 万日元的本金大概可以买到 300 万日元的股票。

这种交易之所以可行，是因为证券公司会为客户垫付资金，购买相应的股票。若买入较大金额的股票，股价上涨时也会得到较高的收益，反之，亏损时的金额也会超过 3 倍。收益越高风险越大。

信用交易

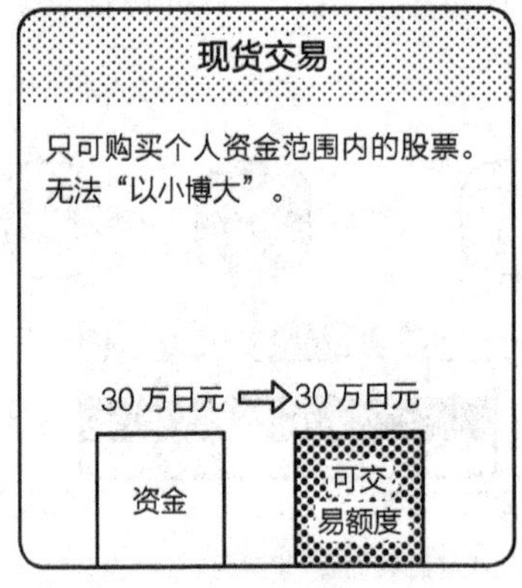

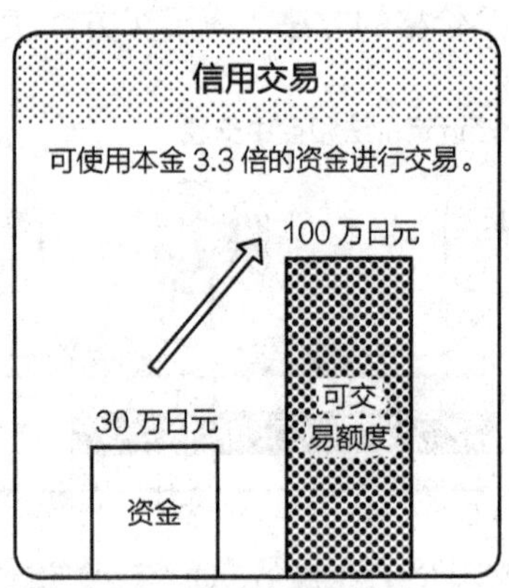

举个例子，如果某个人以每股 1 000 日元的市价购入共计 100 万日元的股票，如果每股上涨 100 日元的话，便可获得 10 万日元的利益。若采用信用交易的方式，可以以 100 万日元的本金购买 300 万日元的股票，同时利润也会扩大到 30 万日元。损失时也同样如此。

我想大家应该听说过追加保证金这个词吧。追加保证金指的是在进行信用交易、期货交易的过程中，由于市场变动导致亏损增加，已缴纳的保证金出现不足时再次向投资者征收的保证金。在进行股票交易时，当交给证券交易所的委托保证金金额由于市场变动低于约定信用交易的 20%（保证金维持率）时，为了保证这个数字，投资者必须交纳追加保证金。

信用交易中可以“借股票卖股票”。即使手里没有股票，也可以从证券交易所借股票，然后进行“出售”。这种情况下，股价跌幅越大盈利越大，因为客户可以通过买回股票获取利益。也就是说，即使在股票市场的低迷时期，也可以获得利润。

52 外汇保证金交易（FX）

即外汇交易，借入资本利用率最高可达25倍

FX 是通过买卖外汇获取收益的交易，全称为外汇保证金交易（Foreign Exchange，有时也简称为 Forex）。

虽然在很长一段时间里，日本外汇交易没有像股票交易那样的交易所，但是在 2005 年 7 月，东京金融交易所设立了一所公共交易所——Click365。另外，该公司还与传统的外汇交易公司有着议价交易等合作。外汇交易公司自主确定利率后，投资者按照自己的意愿自由买卖。

外币交易业务种类繁多，比如 Click365 不仅办理美元对日元、欧元对日元的外汇业务，还办理土耳其里拉对日元、南非兰特对日元、欧元对澳元、新西兰元对美元等不同国家间的货币兑换业务。

通过以下两种方法可以获得更高收益。

第一，通过买卖获得收益。外汇交易的最大特征就是可以像股票的信用交易那样，可以“以小博大”。一旦在外汇交易公司的账户上缴纳保证金后，最高可使用的交易金额为保证金的 25 倍（仅限于个人投资者）。在没有明确的规章制度之前，有的公司会为客户提供金额为保证金 400 倍的交易，但由于市场一瞬间的动荡也许就会为客户造成几百万日元的损失。因此在 2011 年 8 月，规定了 25 倍这一上限。即使如此，高风险高回报的性质仍然没有改变。

Click365 公司的运营框架

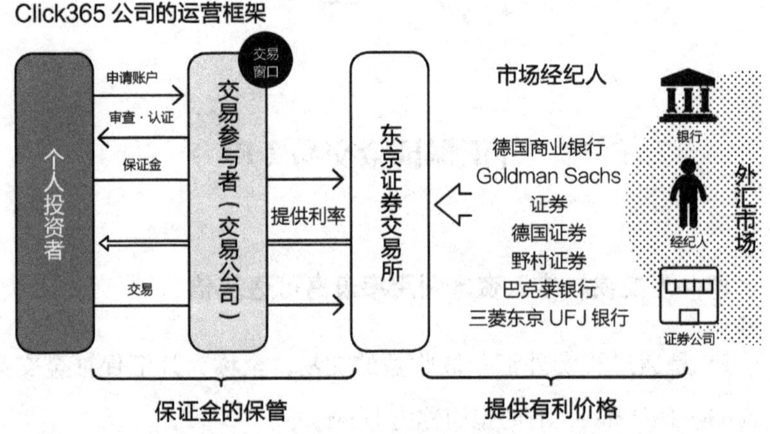

外汇保证金交易和信用交易的相同点是，可以直接从“出售”开始。

另一个获取收益的方法是“利率互换”，指两种货币之间有利率差，出售低利率的货币，买进高利率的货币。这样一来，每天都可以获得利率差额。即使一天只有几十日元，一年下来也可获得几万日元的收益。

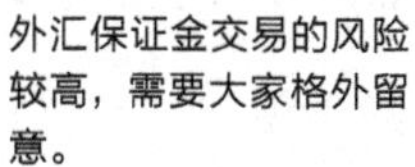

外汇保证金交易的风险
较高，需要大家格外留
意。

53 证券化

将难以变现的资产转化为证券后出售

证券化是指将不动产、债权等难以变现的财产转化成有价证券后出售，以筹集资金的方式。

不动产证券化的流程如下。

首先，不动产所有者（资产证券化发起人）将想要证券化的资产转让给 SPV（Special Purpese Vehicle，特殊目的机构）。SPC（Special Purpose Lompang，特殊目的公司）和投资法人是特殊目的机构中具有代表性的一类。

其次，SPV 将得到的不动产转化成证券等金融商品。证券公司作为中介，将证券出售给投资者。这一系列过程以中介为主导。

如果将难以变现的资产证券化，高达几亿元的资产便可以分解成多个价值为几万日元的证券出售。这样一来，筹集资金将会变得更加方便。SPV 将不动产的租赁收入以红利的形式返还给投资者。

不动产证券化的结构流程

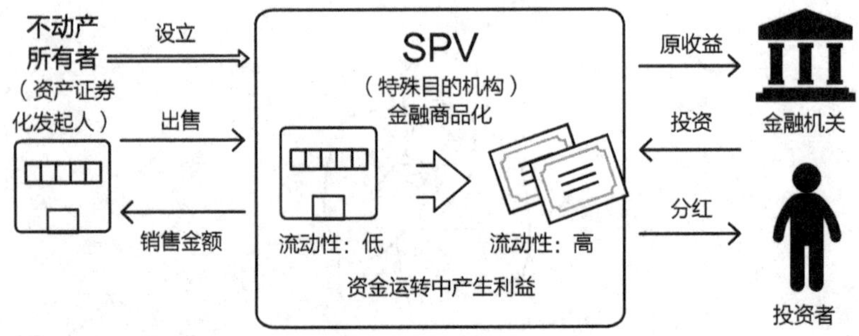

证券化的金融商品有很多，REIT（Real Estafe Investment Trusts，房地产投资信托基金）便是其中之一。那些拥有众多不动产的投资者可将其证券化出售。

还有一些金融机构可将投资人持有的债权证券化。比如，将住房贷款有价证券化（房贷证券化）后再进行出售。

房地产投资信托基金上市后便可进行买卖。能够随时间变化、供求变化而变化的商品，即凡是可数据化的商品都具备上市的可能性。

雷曼事件的导火索之一便是房贷证券化。由于雷曼集团为了获得较高的信用评价便将次级房贷这种面向低收入借方发放的房贷证券化，并与其他商品一起打包出售，房贷无法收回后证券也失去了价值。因此全世界购买了该商品的金融机构都遭受了巨大的损失。

54 投资信托

由专家统一调配众多投资者的资金

投资信托（投信）是指信托投资公司从银行或证券公司的投资者处筹集资金，代替投资者进行投资的行为。

投资对象一般包括股票、国债和公司债券等债券（公债和公司债投资信托、货币市场基金）、不动产、贵金属、小麦、原油等商品。由于是对多个对象进行分散式投资，所以可以降低投资的风险。投资信托分为任何时间均可购买的开放式信托和只能在固定期限内购买的单位信托。

根据投资的类型不同，投资信托可以分为指数型基金和主动型基金两大类。

在日本，指数型基金是同日经平均股价、道琼斯平均股价等指数联动的投资信托，目的是使该投资项目的变动趋势与该指数相一致，以取得与指数大致相同的收益率。

而主动型基金是指资金管理人自由选择投资对象进行投资的投资信托。虽然看起来主动型基金可能会获得更多利益，但实际上有些指数型基金也能获得很好的收益。可能是因为分散投资的效果更好的缘故吧。当然，指数型基金损失本金的风险也比较低。

指数型基金和主动型基金的不同

指数型基金	主动型基金
同日经平均股价和道琼斯平均股价等指数联动，以取得与指数大致相同的收益率	资金管理人自由选择投资对象进行投资
股价波动小，利益损失也小	与指数型基金相比可获得更多收益
本金损失的风险低	本金损失的风险比指数型基金高

无论是在出售还是偿还基金（到期限时返还）时，如果基准价比买进的时候高就可获得利益。另外还有利润分配型基金（如全球主权开放式基金，Global Sovereign Open Fund），若选择收取利润，本金数量就会减少，那么未来的收益也会相应地减少。一般来说，选择将收益列入本金进行再投资的方法可获得更高收益。

出人意料的是，日本的证券公司收取的手续费十分高昂，因此需认真考虑各公司的手续费后再做出投资选择。

投资信托可通过证券公司和银行购买，但机构不同，购买方式也不同。客户可以选择分期购买，即不必一次性支付全款，而是每月

支付数百日元到数千日元的费用。

55　交易型开放式指数基金（ETF）

在交易所上市的投资信托

ETF（Exchange Traded Fllnds）是指在证券交易所上市的基金份额可变的一种平放式基金。在日本，它是一种与 TOPIX 等指数及商品价格等联动的指数型投资信托。

在网络上搜索“ETF”，便可得知 ETF 种类繁多。本书在此列举一二（日本），具体如下。

（1）日经 225ETF: 日经平均股价。

（2）S&P500ETF: 可反映美国股市整体状况的指数。

（3）电机上市投资信托：TOPIX 中仅有的电机指数。

（4）WTI 原油上市投资信托：德克萨斯产原油指数。

普通的指数型基金和 ETF 的区别

	普通的指数型基金	ETF
可购买的场所	出售其相关商品的证券公司和银行	所有的证券公司
最低购买金额	数百日元	数千日元
购买 · 持有成本	高	低
限价交易	不可以	可以
信用交易	不可以	可以
分期投资	可以	不可以

（5）金 ETF: 黄金的市场价格。

（6）美国高收益债券 ETF: 与以美元支付的高收益债（垃圾债）的价格浮动指数联动。

ETF 和在证券公司销售的普通指数型基金的不同之处在于，由于 ETF 可以上市，所以它可以像股票一样进行买卖，并且有指定价格的限价交易、与价格无关的时价交易以及信用交易等多种交易形式。

低廉的成本也是 ETF 的魅力所在。和普通的投资信托不同，ETF 交易虽然也需要手续费，但是很便宜。

虽然不能分期购买，但 ETF 的门槛较低，从几千日元到 1 万日元不等。根据投资目的不同，可以灵活使用指数型基金和 ETF 获取最大收益。

56 日本房地产投资信托基金（J-REIT）

投资房地产的上市投资信托

本节我们将详细讲解房地产投资信托基金——REIT。在日本发行的房地产投资信托资金叫作 J-REIT。

J-REIT 与股票、ETF 一样在证券交易所上市，无论哪个证券公司均可自由买卖。下图就是 J-REIT 的典型案例。根据品牌的不同，投资对象也多种多样。比如日本最大的 J-REIT“日本建筑基金投资法人”，其主要股东为三井房地产公司，主要投资对象为东京 23 个区的办公建筑。

主要的 J-REIT 例子

名称	特征	主要投资项目 （截至 2016 年 1 月）
日本建筑基金投资法人	资产规模最大。其最大股东是三井房地产公司，主要投资对象是东京 23 个区的办公建筑	大崎 Gate City、西新宿三井大厦、NBF Toyosu、Canal Front
星野 Resort REIT 投资法人	星野 Resort 是最大股东，主要投资对象是宾馆。可获得星野 Resort 部分宾馆的打折券	八岳度假区、星野京都、ANA 皇冠假日酒店福冈店
东急 Real Estate 投资法人	最大股东是东急电铁（东京急行电铁株式会社）。主要投资对象是东急沿线地区的办公建筑和商业设施	急 Front、代官山广场、世田谷商业广场

我们可以通过各个基金的网站查看其投资的项目，也可根据情

况灵活地更换投资项目。

投资者一般通过“观察价格波动进行出售”和“获得红利”两种方法收取利润。

房地产在通货膨胀的情况下发展势头依旧强劲，J-REIT 也是如此。但如果房地产市场低迷，那么价格下跌的风险就会升高。另外值得注意的是房地产公司本身就拥有房产的情况。这时优质的投资项目（即房产）属房地产公司拥有，非优质投资项目就有可能被投资信托化。

在对实际房地产进行投资时，只有在卖出房产后才知道是否会获利。这是因为利润是从销售价格中减去购买价格及各种经费得出的，或者说是资本收益加上每月的租金等费用得出的。若房地产的价格大幅下跌，那么就极有可能是消极投资了。

上市后的 REIT 价格也每天都在变化，所以实质上都是相同的。

顺便一提，日本有“东证 REIT 指数联动型投资信托”，但这并不是 J-REIT。在东京证券交易所挂牌上市的 J-REIT 的所有品牌的时价总额与“东证 REIT 指数”相联动。

57　风险投资

向有望上市的公司进行投资的公司

风险投资（Venture Capital，VC）公司是指对目前还未上市，但有望上市的风险企业进行投资的公司。由于可获得较大收益，所以也会对那些银行不感兴趣的公司进行投资。不只是出资，还要派人做公司的独立董事，为公司做咨询、提供意见建议，以扩大公司的经营规模使其上市，让自己获得资本收益（通过买卖资产获得盈余）。

目前，风险投资最活跃的国家是美国。

未公开的风险企业的资金筹集状况

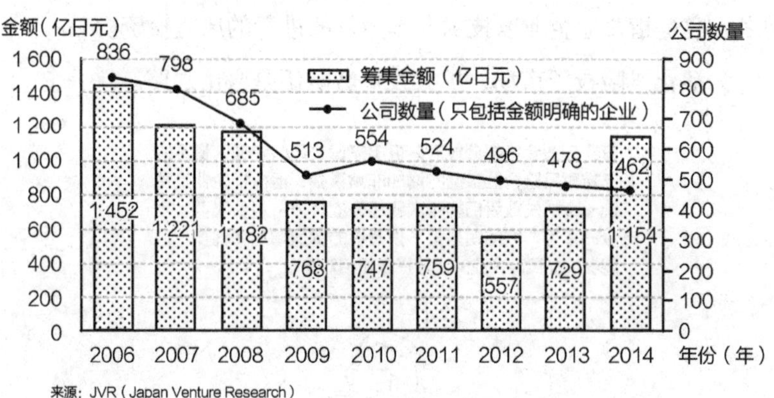

来源：JVR（Japan Venture Research）

大型的风险投资公司有安德森·霍洛维茨基金（Andreessen Horowitz）、恩颐投资（New Enterprise Associates）、谷歌风险投资公司（Google Ventures）、克莱恩那·帕尔金斯风险投资公司（Kleiner Perkins）等。据说这些大型风险投资公司的平均投资额度近10亿日元，而日本的风险投资公司的平均投资额度仅为2 000万日元～1亿日元，远不能与之比较。

之前，苹果公司和谷歌公司等也接受过红杉资本的投资，以现在的股价来看，公司价值大大增加，甚至是之前的10万倍。

最近，以“民宿”为主要卖点受到广泛关注并迅速成长起来的Airbnb（爱彼迎）和创业孵化器Y Combinator公司也接受了风险投资。

此外，也有天使投资，即一些个人投资者，包括已退任的经营者和个人投资者等用自己的资金向风险企业进行投资。投资者可以获得作为担保的股票和可转换公司债券（可转换为股票的公司债券），通过出售它们回收成本。在美国，有很多风险企业的管理层凭借上市所得资金成为个人投资者。

在日本，企业风险投资（Lorponate Venture Lapital，CVC）正逐渐增多。它是指普通企业以技术合作为目的进行的风险投资。

为活化风险投资市场，扩大投资者队伍是必由之路。

有些企业会将部分业务分拆出来设立风险企业。资金的支持对风险企业数量的增加非常重要，但榜样企业及营造一个“失败后仍能再次爬起来的环境”也很重要。当今日本存在的问题是虽然投资者的数量增加了许多，但能够成立风险企业的人才资源却相对匮乏。

58 投资银行

为企业筹集资金,支持企业并购

在日本，投资银行主要是指将企业作为客户，支持企业筹集资金、开展 M&A（企业的合并和收购）的证券公司。

它虽然带有“银行”两个字，但它并没有接受普通客户的存款、贷房贷等业务。

投行的一项主要业务是通过证券包销支持企业筹集资金。投资银行购买企业新发行的股票和债券，再转卖给其他投资者。这样，它就可以支持企业筹集资金，同时自身也可以从企业获得销售代理的手续费，从而获得利益。

投资银行的业务

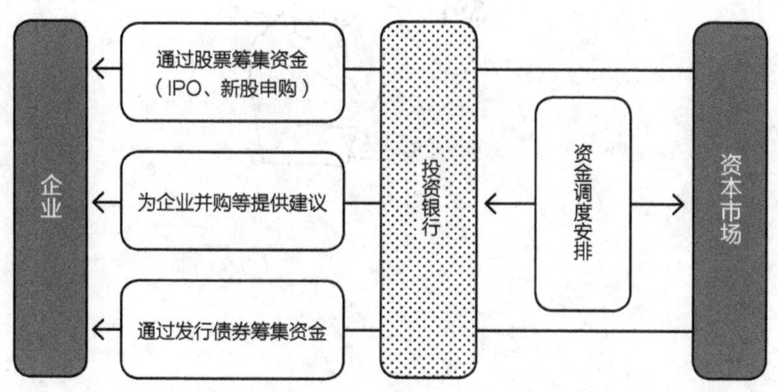

企业并购咨询也是投资银行的一项主要业务。投资银行与意图扩大业务规模的委托人联合，选择收购对象并进行相关调研，对企业筹集收购资金提出建议等，整体性地参与企业并购的业务。此外，投资银行还支持企业进行MBO，即企业管理层通过购买股份，实现企业从上市公司到非上市公司的转换。

另外，资产证券化也是投资银行的一项业务。投资银行将委托人持有的资产证券化后，再通过包销销售给投资者。

外资投资银行以薪资高而闻名，但很多人都因为这种过高强度的工作而在 40 ~ 50 岁之间选择退休。此外，工资是由基本工资、绩效工资、股票期权和退休金等组成的，因此若整个公司业绩下滑或公司破产，那么就有无法得到预期工资的风险。

美国的摩根士丹利和高盛是投资公司界的名企。由于雷曼危机而破产的雷曼兄弟也曾经是美国顶级的投资银行之一。在日本，一般由大型证券公司和大型银行办理投资银行的相关业务。

59 私募股权基金

投资未上市企业的基金

私募股权基金是指向投资者筹集资金，投给未上市企业的基金。私募股权意为“未上市企业股份（非公开股）”。风险投资是向处于创立期的企业进行投资，而私募股权基金是向处于成长期和成熟期的企业进行投资。

投资方法多种多样，但常用的方法是“并购投资”。首先和委托人（即投资方的经营者）共同买进上市企业的过半股份，从而获得公司的经营权。公司退市后，组成经营团队再次经营该公司。这是因为公司退市后，来自股东的干涉就大大减少，方便开始新的经营策略。

私募股权基金在实行过程中，需进行要约收购，即在购买股份的时候，事先明确告知对方购买价格和股数后再购买的方式。由于大部分都是经过企业管理层许可后的“友好购买”，所以很少发生争执。

如果公司经营状况好转，可再次让公司在证券交易所上市，届时可通过在市场销售部分股份或将股份转让给其他公司的方式回收资金。

并购投资的典型流程

1	通过实行要约收购（Takeover Bid，TOB），获得上市企业的多半股份，然后退市。
2	组建经营团队，重新经营。
3	业绩状况好转后再上市。
4	销售股份，获得利益。

在日本以外还存在很多敌意并购（敌意 TOB）。敌意并购是指不顾目标公司的意愿、不与目标公司进行协商，直接购买公司股份从而收购公司。但在日本这样的成功案例很少。有一部人有这样一个共识，他们认为日本市场是十分封闭的。另一种方法是建立向“母基金”投资的投资信托，通过销售筹集资金。

另外，还有针对经营不善企业的企业再生投资、针对破产企业的不良债权投资（通过二次经营提高价格后销售，从而回收资金）等。

绿票讹诈者是指本来没有参与公司经营的实意，而是只以获得投资利益为目的，在市场上充满敌意地购买股票并抬高股价，之后又让该公司高价收回的投资者。

60 项目融资

以项目为单位筹集资金的方法

项目融资是指在某个项目需要筹集资金时，为保证项目的实施成立 SPC（特殊目的公司），从 SPC 获得贷款的方法。其优势是可以只用项目产生的资金偿还贷款，即参加项目的企业不承担借款偿还义务（无追索权融资）。

另外，判断是否融资的依据是项目是否有潜力。因此，即便参与项目的企业没有相关的财务记录和信用记录，也可以贷得巨额资金。由于项目贷款并没有记录在参与项目企业的资产负债表中（表外交易），所以能够防止财务恶化。

项目融资结构图

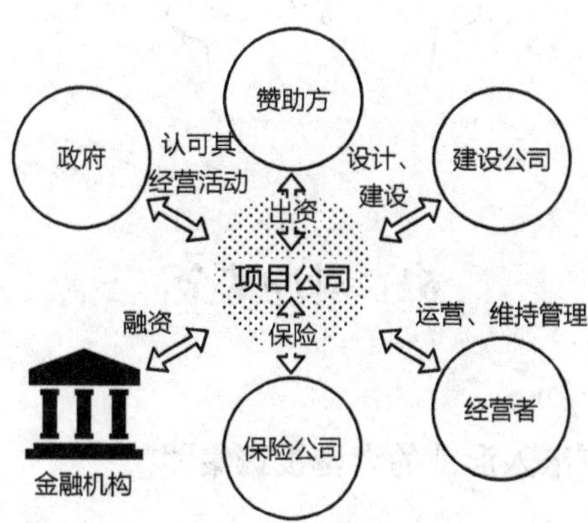

项目融资的使用范围一般包括发电站、公共设施以及与多个企

业及政府相关的大规模项目。

还有一种叫 PFI（Private Finance Initiative，民间主动融资）的项目，其利用率也很高。这种融资模式鼓励民间资本参与建设基础设施、提供公共产品和服务，如建设和运营医院、监狱、公共设施等。PFI 诞生于英国，近年来日本引进这种方法建设了中小学、体育设施、污水处理厂等设施，大大削减了国家和地方政府的开支。

由于项目融资可以获得巨额贷款，所以对贷款方的金融机构而言风险较高。为此，大多数情况下多个金融机构会相互协调，以“银团贷款”的形式放出贷款以降低风险。

我曾在日本兴业银行做过 7 年以上的银团贷款业务。该银行将世界上的各个银行集中起来为其他国家建设发电站和原油输油管道等基础设施。我认为这项工作是十分有价值的。

61　对冲基金

使一国经济陷入混乱的大型投资集团

对冲基金是指利用期货交易或信用交易等多种交易方法，以获得不受市场行情影响的利益为目的的基金。

对冲基金通过“卖空”和金融衍生商品，向盈亏为本金几倍的高风险高收益的项目进行投资，以期在短期内获得巨额收益。

由于这种基金为获得利益而不择手段，所以有时甚至会导致一国经济陷入巨大的混乱中。

在众多对冲基金中，桥水投资公司（Bridgewater Associates）获得的利益可谓是首屈一指。被称为传奇的投资者雷伊·达里奥（Ray Dalio）所持有的基金累计获得了5万亿日元以上的收益。

比如在20世纪90年代后期发生的亚洲金融危机，是由于对冲基金大量卖空泰铢、印尼卢比等货币，导致货币暴跌引起的。政府本可以通过购买本国货币防止货币暴跌，而对冲基金卖空货币的巨大金额，却是连国家政府都无法填补的。

2010年到2011年左右发生欧元危机时，由于对冲基金大量卖空希腊和意大利的国债，从而引起两国国债的大幅下跌。一旦卖空，价格就会下跌，所以这次的对冲基金应该也获得了巨额利益。

由于对冲基金不利于国家稳定，因此近年来有很多人呼吁加强对其的限制。著名的对冲基金乔治·索罗斯（George Soros）等人创立的量子基金(Quantum Fund)自设立以来已获得400亿美元以上的收益，但失败的例子也有很多，如美国的长期资本管理公司（LTCM）的对冲基金仅在5年内就破产了。

达里奥在1975年设立的美国桥水投资公司旗下的纯阿尔法基金（Pure Alpha Fund）的累计收益的绝对值为450亿美元。乔治·索罗斯在1973年设立的的量子基金累计收益达到了428亿美元。

62　人寿保险·财产保险

持有大量国债的巨型金融机构

保险公司也是金融机构，却常常被人遗忘。

保险公司主要销售人寿保险、医疗保险、火灾保险、汽车保险等，但它们会把顾客预存的保险金作为资本，对企业进行融资，或者购买股份、公司债券、国债等。然后将通过这些渠道获得的利益以保险金等的形式返还给顾客。

将顾客预存的钱运用到企业和国家等的行为可称为间接金融，这样说来，保险公司则是不折不扣的金融机构。特别是作为日本国债的购买方，日本人寿保险公司占有非常重要的地位。日本住友生命保险公司的调查显示，2014 年，日本人寿保险公司持有的 10 年以上超长期国债约占总数的 35%。

人寿保险公司持有的超长期国债余额和超长期国债现额

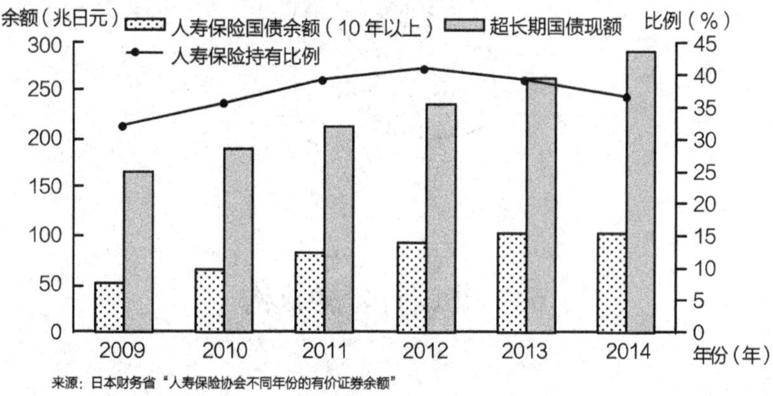

来源：日本财务省“人寿保险协会不同年份的有价证券余额”

在日本人寿保险公司持有的有价证券中，国债占到 50% 以上。特别是日本邮政保险公司持有近 50 兆日元的国债。

为了稳妥使用顾客预存的保险金，日本人寿保险公司投资国债的比例逐渐增加，同样，国债的价格也极大地影响着人寿保险公司的经营情况。甚至可以说，日本人寿保险公司是财政的重要支柱之一。

日本的保险行业的经营环境自 20 世纪 90 年代起有了较大变化。长期以来，原本只有外资企业关注的癌症保险等第三领域保险，如今也得到了日本企业的认可，同时还出现了个人浮动额养老保险。现今，人寿保险公司可销售投资信托，银行也可销售个人养老保险，金融机构之间的差距好像越来越小了。各个保险公司都在绞尽脑汁寻找在激烈竞争中存活的方法。

在日本，人寿保险公司
和财产保险公司都属于
大型金融机构。

63　非银行金融机构

从银行贷款，向个人和企业融资

非银行金融机构虽然无法像银行一样从消费者那里获得存款，但却是可以向企业和个人进行投资的金融机构。融资的资金主要从银行和其他非银行金融机构处筹集。

消费金融公司便是其中的代表。在日本，消费信贷曾经被称为小额信贷公司，曾经由于高额利率和强制征收等原因导致评价较差，但被大银行收入旗下后，便试图通过推广有著名艺人的商业广告来扭转形象，不过其利率仍然维持在较高水平。

消费者信贷，由于非银行金融机构筹集资金的成本比银行高，因此其利率也比银行高，但其优点是对借款人的审查不严格、不需要复杂的手续、贷款成功率较高。大部分消费金融公司都以审查简单、容易贷款为主要卖点进行宣传。

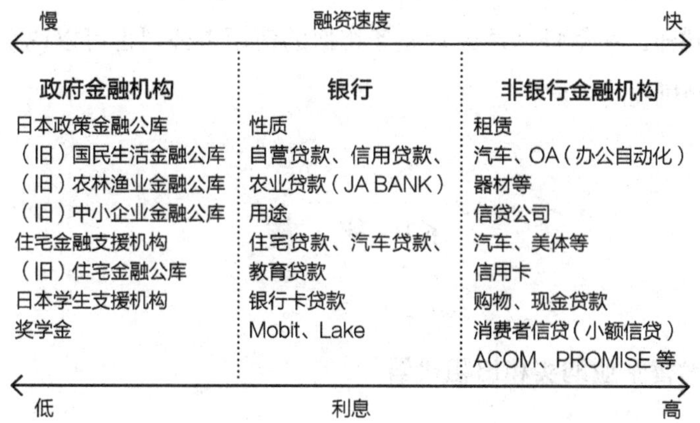

与消费金融公司相对应的是企业信贷，在日本也被称为“商工贷款”，即以未成功从银行贷款的中小企业为对象，以较高的利率向这些企业贷款的公司，近年来也出现了利率相对较低的公司。

随着 Fintech 的发展，预计在不久的将来，越来越多的公司将加入到 Fintech 的大军中来。

另一方面，信贷公司也是非银行金融机构的一种。这类公司支持消费者购物时的分期付款。该公司介于消费者和企业、店铺中间，一面代替消费者支付全部货款，一面又从消费者那里获得分期还款，

即“向消费者贷款，每月获得分期返还”的机构。

同样，和信贷公司经营业务相似的信用卡公司也可以说是非银行金融机构的一员。

64 租 赁

代替企业购买和出租机器

租赁公司也是非银行金融机构的一种。

一说到租赁公司，肯定会有很多人认为是“出租物品的公司”。确实，出租电脑和仪表等物品也属于租赁公司的经营范围。由于电脑和仪表等高科技产品更新换代较快，因此比起购买，租赁有利于加速设备的更新，这是其一大优势。可能读者朋友们的公司里也在使用租赁的方式。

租赁的流程

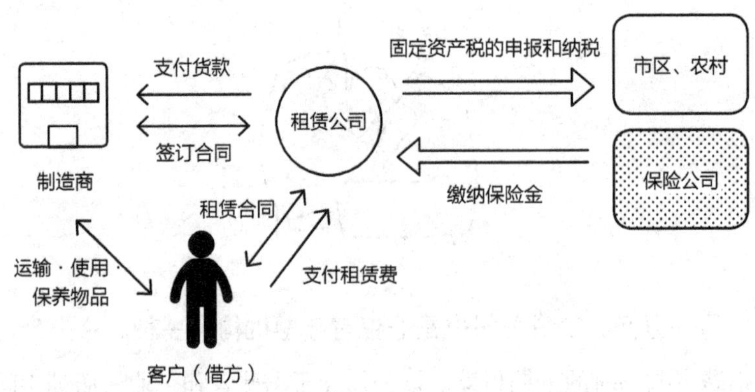

租赁公司的主要收入来源不是短期租赁，而是“融资租赁”。

融资租赁和物品租赁不同，并不是借方从租赁公司已有的东西中租赁，而是租赁公司代替用户购买其指定的物品，并长期租给用户的交易。

融资租赁大致有以下两种形式：租赁物件所有权转移到企业的“所有权转移融资租赁”和除此之外的“非所有权转移融资租赁”。

各租赁公司可能在细节操作上有所不同，大体操作流程为：租赁公司购买客户指定的物品后，将该物品长期租赁给该客户；客户在租赁期间支付的租赁费包括物品采购的货款及利息、固定资产税、保险费、保养和维修费等。原则上在租赁期间客户无法解除合同。

如今，融资租赁的物品涉及各个领域，包括电脑、通信器材、运输设备、生产机械、商务器材等。另外，租赁期限根据该设备的法定使用年限来决定。

对企业来说，租赁形式有许多优点，其中最突出的就是不会对企业财务造成太大压力，企业只需每月支付一定的租赁费，无需花费巨额资金。所以，灵活利用租赁的方式，有利于扩大企业的融资规模。

测验

“金融理财基本术语”小测验
一起复习金融·理财的基本术语吧！

第6章汇总了新闻中频繁出现的一些金融·理财的基本术语。希望通过小测验，能够加深读者们对各个名词的理解。一起来复习吧！

（1） 货币的三种职能分别是________、________和________。

（2） 金融是指货币资金的融通。分为________和________两种。

（3） 日本中央银行的主要作用是发行________；接收________存款，同时向政府贷款；接收________的存款，并负责银行间的清算；________资金不足时，向民间银行贷款。

（4） 银行的主要职能有三个，分别是________________。

（5） ________并不是邮寄现金，而是指两地间的结算手段。________是一种常见的汇兑方式。

（6） 在银行或支行之间的货币互换叫作________，（在日语中叫“送金”——译者注），但并不是真的去送现金，而是在账单上完成的。

（7） 所谓________是进行日元、美元、欧元等不同国家之间货币的兑换与买卖的场所。

（8） 所谓________指的是日元在兑换他国货币时表现出的相对价值。

（9） 通货膨胀的正式名称是________。它是指________持续上涨，货币价值持续下跌的情况。

（10） 新发行的债券叫作________，已经发行在市场上流通的债券叫________。

（11）________的对象主要是债券，用来评价发行方是否拥有按照约定偿还发行债券的本金及付息的能力。

（12） IPO 是________的略称，意为________。

答案

（1） 货币的三种职能分别是流通手段、价值尺度和价值储藏。

（2） 金融是指货币资金的融通，分为直接金融和间接金融两种。

（3） 日本中央银行的主要作用是发行银行券（纸币）；接收政府存款，同时向政府贷款；接收民间银行的存款，并负责银行间的清算；民间银行资金不足时，向民间银行贷款。

（4） 银行的主要职能有三个，分别是资金中介，信用创造，清算职能。

（5） 汇兑并不是邮寄现金，而是指两地间的结算手段。支票是一种常见的汇兑方式。

（6） 银行之间及各支行之间的货币往来叫作汇款（在日语中叫“送金”——译者注），但并不是真的去送现金，而是在账单上完成的。

（7） 所谓外汇市场是指进行日元、美元、欧元等不同国家之间货币的兑换与买卖的场所。

（8） 所谓日元升值作日元贬值指的是日元在兑换他国货币时表现出的相对价值。

（9） 通胀的正式名称是通货膨胀。它是指物价持续上涨，货币价值持续下跌的情况。

（10） 新发行的债券叫作新发债券，已经发行在市场上流通的债券叫已发债券。

（11） 评级的对象主要是债券，用来评价发行方是否拥有按照约定偿还发行债券的本金及付息的能力。

（12） IPO是Initial Public Offering的略称，意为首次公开募股。

结束语

感谢您一直读到最后。

我曾长期就职于日本兴业银行，从事国际、投资方向的业务；后又在其他公司中从事风险投资和业务合作、出资等方面的工作；后来又成为多家公司的经营顾问，其中有数家上市企业，并在商业突破研究所大学（Business Breakthrough School）和哈佛大学商学院等国内外院校办过讲座、演讲。之后，我总结经验完成拙著。

读完本书，读者朋友们可以了解到科技金融的新动向和今后将大放异彩的 M&A（企业并购）等相关基础知识。

在撰写本书期间，日本中央银行在 2016 年 2 月首次实施了“负利率”政策。

日本中央银行为完成 2% 的通胀目标，于 2013 年 4 月开始实施“量质并重”的金融缓和政策。为何设定通胀目标呢？这是因为如果人们预期到“将来有可能会发生通货膨胀”，则会选择在“当前”消费。特别是安倍政府于 2014 年 4 月提高了消费税率（从 5% 提高到 8%），是导致国内经济衰退的重要原因。在经济学的理论中，一般认为下调利率后，企业就会增加设备投资，扩大雇佣规模，市场需求扩大，从而拉动经济重回景气。但实际上，日本民众的实际薪资已连续 4 年处于递减状态，很多民众倾向于节约甚至是不消费。这意味着日本将再次陷入通货紧缩的危机。

另外，由于中国经济增长速度趋缓和美国页岩油的生产，原油等资源的价格有下跌的趋势。10年期国债也首次实施了负利率政策，本书所说的企业价值评估中的现值（期待利率）今后也有可能会受到影响。

夸张地说，5年后的100万日元的价值要比现在的100万日元价值高。

当前日本的负利率政策会引起一种非正常的事态，那就是贷款方不仅无须付利息，反而可以获得利息。因此，日本的金融机构在向企业贷款时会更加慎重，在对中小企业等有风险的企业进行融资时可能并不会达到政府的预期效果，反而会向更严格的方向发展。

另一方面，由于推行了负利率政策，个人在贷得住房贷款时可以获得国家补贴。在当前日本社会，贷款更加划算。日本的房地产融资已经达到了类似于泡沫经济时期的水平，今后需要多加留意房地产和黄金等实物资产的动向，因为即使利率降低，价格也极有可能上升。相比关注今后如何增加资产，倒不如关注如何保护既得资产，这一点愈发重要。

日本是当今世界最大的债务国，其政府在减息政策中获益最多。因为从理论上来说债务越多利益也就越多。

但是，在实体经济中如果需求一直没有增加，日本就无法实现真正的经济复兴。在某种意义上我们看到了金融政策的极限。

可能有很多读者会认为金融、财政和自己的职业无关，但负利率政策给大家公司的业绩带来了巨大的影响，同时也会影响大家的银行存款。虽说现在日本的存款利率并没有马上降低，但一些外资银行从很早之前就已开始实行低于最低存款额（比如30万日元）便收取手续费的制度。如果实行负利率，银行存款的余额可能会不断减少，发生这种恐怖的事情并不是天方夜谭。

如今，我们所谓的金融“常识”正在发生巨大变化。因此，所有人都必须要学习金融、财政方面的知识。希望大家可以将本书放在桌上时常翻阅，反复诵读，并通过每章后的小测验，更加深入地理解金融、财政知识。

2016年3月

平野敦士卡尔